Leiter – Wenn Gott uns streichelt

Allen LaienseelsorgerInnen,
DiakonInnen und PriesterInnen
in der Kranken- und Altenbetreuung
und den Menschen,
die ihnen anvertraut sind.

Karin E. Leiter

Wenn Gott uns streichelt

Krankensalbung erleben

Tyrolia-Verlag · Innsbruck-Wien

Die Deutsche Bibliothek — CIP-Einheitsaufnahme

Leiter, Karin E.:

Wenn Gott uns streichelt : Krankensalbung erleben /
Karin E. Leiter. – Innsbruck ; Wien : Tyrolia-Verl., 1997
ISBN 3-7022-2073-9

1997

Umschlag- und Innenillustrationen
von der Autorin
Gesetzt aus der Goudy 12/14,5 pt
Druck und Bindung:
Wagner, Nördlingen
ISBN 3-7022-2073-9

Inhaltsverzeichnis

Vorwort

Das vorliegende zehnte Buch von Diakonin Karin Leiter ist ein für Geistliche und Laien ganz und gar heilsames Buch.
Es plädiert für eine menschenumsorgende Nächstenliebe. Die Spiritualität, die zwischen den Buchstaben, Wörtern, Zeilen, Abschnitten und Kapiteln durchscheint, ist die einer theologischen Herzensvernunft. Obwohl liturgiewissenschaftliche Erkenntnisse fundiert zur Sprache kommen, geht es Karin Leiter um einen grundsätzlichen Perspektivwechsel. Dieser ist längst fällig!
„Wenn Gott uns streichelt" atmet den Geist Jesu, der hinschaut, mitleidet, sich lebendig zuwendet und fragt: Wer bist du? Was soll ich dir tun? Der Titel signalisiert, daß Gott sich durch menschliche Nähe und notwendige Handlungen erfahrbar machen will und daß er durch Menschlichkeit erfahren werden will. Ich möchte es Inkarnation Gottes im Alltag nennen.
Als Seelsorger habe ich selbst nicht selten erlebt, wie heilend und bergend es für einen leidenden Menschen ist, an der Hand gehalten, zärtlich berührt, umarmt und umgeben zu werden. Gewährung von Zeit und Einfühlung war notwendig. Und gerade bei Schwerstkranken kam nicht selten als Antwort ein liebend dankbarer Blick oder ein wortloser Kuß meiner Hand zurück. Eine Erfahrung von sakramentalem wechselseitigem Beschenktwerden. Hier sind wir bei der Wirklichkeit des Sakraments als fühlbare und spürbar lebendige, religiöse Sinnlichkeit.
Das zuweilen Kalte und Rituelle der vorgeschriebenen Sakramentenspendung – oft ohne persönliche Beteili-

gung des Spenders – ist das Gegenteil davon. Die Beschränkung auf einen isolierten Ritus ist herzlos!
Das – und nichts weniger – meint dieses Buch. Es lädt zu einem Perspektivwechsel ein, vom Menschen her zu sehen, in der Situation, in der er/sie sich befindet, und genau hinzuschauen und zu verstehen, worin unser betendes und berührendes Tun, zu dem wir uns anschicken, heilend eingebettet ist. Das sind zuallererst die Schwestern und Ärzte, die Pfleger und Pflegerinnen, die rettend und heilend mit dem Herrichten des Bettes, mit Körperpflege, Spritze und Anlegen des Tropfes und mit anderen gekonnten Verrichtungen Vertrauen und Leben schenken. So gibt es viele Weisen, Leben zu erhalten und Leben neu zu wecken.
Menschenumsorgende Nächstenliebe und geistlich-salbende Zuwendung aus Herzensvernunft erwecken Leben in der Tiefe.
Da wird meine Nähe zum Sakrament von Gottes Gegenwart, da werden meine Zärtlichkeit, mein Blick, meine Berührung und meine Frage: Wer bist du? Was kann ich für dich tun? zum lebendigen Ort und zur Stunde der Möglichkeit des Heils für uns beide.
Karin Leiter öffnet mir gerade dafür neu den Blick, und ich bin ihr persönlich dankbar dafür. Ihr Buch gibt Anlaß zur Gewissenserforschung für uns alle und ist eine Anfrage an die herkömmliche Krankenpastoral. Haben nicht gerade durch isolierte sakramentale Riten viele Menschen Heillosigkeit erfahren; und haben nicht Geistliche selbst durch ihre Berührungsängste zur „Entsakralisierung“ des Sakraments beigetragen, indem sie sich hinter Formeln und Rubriken verschanzten?
Daß Religion aber mit der Inkarnation Gottes in unserem Alltag, mit Fleisch und Blut zu tun hat, das vermit-

telt dieses aus leidvoller Erfahrung erwachsene Buch auf leidenschaftliche Weise. Und es macht deutlich, daß alle in der Gemeinde durch die Taufe Priester geworden sind.
Es ist längst an der Zeit, die Salbung der Kranken und Bedürftigen als heilendes Sakrament der Begegnung, der Berührung und der Stärkung des Lebens zu verstehen und einzufordern. Es soll den Leib und die Seele aufrichten, das Leben wecken und den Geist erfüllen.
Möge „Wenn Gott uns streichelt" viele Leserinnen und Leser finden; möge es viele anrühren und heilsam öffnen. Ich empfehle es ebenso möglichst vielen ordinierten „Ritenpflegern" als heilsames „Sakrament" der Befreiung aus formelhaften Zwängen.

Bischof Bernhard Heitz
Altkatholische Kirche

Meine Schuld

Wie oft stand ich da und erstickte meinen Schrei in dieser bitteren Ohnmacht, jetzt nicht helfen zu können! Die Zeit zerrann zwischen den Fingern, der Tod saß am Bett und diese Bitte nach dem einen Sakrament. Viel zu spät erst haben sich alle getraut, es zur Sprache zu bringen. Man kann dem Kranken doch nicht „die Hoffnung“ nehmen, das würde ja heißen, es sei alles „zu spät“! Und ich habe geschwiegen, habe viel zuwenig versucht, hier laut zu hinterfragen. Aufklärung des Patienten, ja! Abschiednehmen, ja! Mut, auch über die Letzten Dinge zu sprechen, ja! Aber ich habe viel zu selten die Frage gestellt, viel zu lange gewartet, sie zu stellen: „Wollen Sie das Sakrament der Krankensalbung miteinander feiern?“

Ich habe nicht mehr gefragt, weil ich oft an Mauern geprallt bin. „Das ist nicht notwendig in diesem Stadium, dieser Situation!“ Wenn es ein Anverwandter sagte, verstand ich seine Ängste. Wenn es ein Priester sagte, ging ich niedergeschlagen. Oft genug aber war kein Priester da. Anrufbeantworter machen einen rasend, wenn mitten in der Nacht die Not grausig schreit, wenn die Zeit knapp wird, weil zuviel Zeit vertan worden ist.

Oft genug war eine seltsam beklemmende Stimmung im Raum. Der fremde Priester kam zum fremden Sterbenden. Das Ritual blieb ein Ritual, war unpersönlich, konnte nur Formel sein.

Wozu das alles?

„Die Krankensalbung gehört in die Hände der KrankenseelsorgerInnen, Laien, Diakone und nicht nur in die der Priester!“ Diesen Ruf nahm ich auf. Diese Forderung unterschrieb ich, trat dafür ein bei Vorträgen und Gesprächen. Aber konnte ich damit etwas bewegen?

Der Traum, daß irgendwann einmal vielleicht…, half nicht in der tatsächlichen Not. Ich versuchte, mein schreiendes Gewissen zum Schweigen zu bringen. Was konnte ich tun, wenn das Kirchenrecht es verboten hatte, wenn die Weisung nur an geweihte Männer erging? Ich war nicht allein. Allen LaienseelsorgerInnen ging es so und ähnlich. Wir klagten untereinander unser Leid, fanden verständnisvolles klerikales Schulterzucken und – litten weiter.

Ich hatte selbst mehrfach erlebt, wie wertvoll und aufrichtend die Feier der Krankensalbung sein kann. Ich hatte das Privileg, in meinem Freundeskreis mehrere Priester zu wissen, die mir in meiner Krankheit vertraute Begleiter waren und sind. Umso schwerer lastete die Ohnmacht am Bett eines Mitpatienten auf mir. „Die Krankensalbung ist doch nicht so wichtig! Deine Begleitung ist doch auch sakramentales Handeln…", wurde ich getröstet und ließ ich mich wider besseres Wissen auch vertrösten. Wenn die Krankensalbung „nicht so wichtig" war, wieso gab man(n) sie nicht den Laien in die Hand? Wenn Krankensalbung „nicht so wichtig" war, wieso war sie dann überhaupt eines der sieben Sakramente?

Dieser offenbare Widerspruch ließ mich zwar aufbäumen, aber was sollte ich dagegen tun? Ich stellte diese Frage wieder und wieder und – tat nichts!

Ich entschuldigte mich selbst immer wieder mit dem Hinweis auf das offenbare Unrecht, dem ich aber weiterhin gehorchte, nach dem Muster „Befehl ist Befehl". Je öfter ich das versuchte, umso weniger konnte ich mein Schuldgefühl zum Schweigen bringen. Diese Schuld ließ sich nicht abschieben, nicht totschweigen, nicht entschuldigen! Nicht in tausend Diskussionen, nicht in hundert Protestschreiben und vor allem nicht mit einem „Irgendwann einmal …“!

Und dann passierte etwas, das mich aus diesem Alptraum herausholte, meiner Lethargie ein plötzliches Ende setzte:

Eine ehemalige Krankenpflegeschülerin von mir hatte mich angerufen. Auf ihrer Station lag Karla. Sie war vierundzwanzig Jahre alt. Drei Tage und vier Nächte war sie von drei jungen Männern festgehalten, immer und immer wieder brutal vergewaltigt und mißhandelt worden und schließlich, halb totgeschlagen, aus einem fahrenden Auto in den Straßengraben geworfen worden, wo sie noch Stunden in salzigem Schneematsch gelegen hatte, bevor sie endlich gefunden wurde. Schwester Gabi erzählte mir, daß kein Mann in ihr Zimmer dürfe. Allein eine männliche Stimme löse derartige Panik bei Karla aus, daß sie kaum mehr zu beruhigen sei. Nicht einmal den Vater konnten sie zu ihr gehen lassen. Im Besprechungszimmer sah ich durch die offene Tür den weinenden Vater mit dem Krankenhausgeistlichen sitzen. Ich klopfte an, stellte mich vor und setzte mich einige Minuten zu ihnen.

„Kann ich Ihnen irgendwie helfen?“ fragte ich den Vater.

Er schaute mich aus unendlich traurigen Augen an und nickte schließlich langsam.

„Sagen Sie meiner Tochter, daß ich hier bin und daß ich sie sehr liebe!“

Der Priester zeigte auf seinen Brustbeutel, den er vor sich auf den Tisch gelegt hatte: „Ich wollte ihr die

Sakramente spenden, aber ich konnte nicht zu ihr. Sie können ihr die Kommunion mitnehmen."
„Sie kann doch nichts schlucken!" fuhr der Vater schluchzend auf und sank sofort wieder in sich zusammen. Ich stand auf und ging in das Krankenzimmer. Die Mutter starrte mich aus angstweiten Augen an, nickte kurz und weinte still. Karla lag da, zerschunden, zerschlagen, verschwollen, ohne erkennbare Gesichtszüge. Sonden, Schläuche und Verbände und ein gnädiges weißes Leintuch, das den wunden Körper bedeckte.
Ich weiß nicht, wie lange ich schon neben dem Bett gesessen hatte, bis ich vorsichtig einen freien Finger Karlas streichelte und sagte, wer ich sei. Ich erzählte ihr, was der Vater mir aufgetragen hatte und daß ein Priester bei ihm sei. Der habe auch die Krankensalbung dabei, wenn sie es wolle.
Karla faßte plötzlich meine Hand und klammerte mit ungeahnter Kraft. Ich mußte ganz nah an ihre aufgequollenen Lippen, um ihr heiseres Flüstern zu verstehen: „Die Krankensalbung. Aber ohne Priester! Bitte!"
Ich horchte den Worten sehr genau und sehr lange nach, dann sagte ich: „Ist gut!" und stand zeitlupig auf. Die Mutter schaute mich an. Ein flehendes „Bitte!" stand in ihren Augen. Ich nickte schweigend. Sie lächelte kurz und umklammerte wieder ihren Rosenkranz. Ich wußte von Schwester Gabi, daß Karla ihre einzige, späte Tochter war. Die Frau mochte Ende Fünfzig sein, jetzt war sie uralt geworden, gebrechlich und gebrochen. Ich ging um das Bett herum und stellte mich hinter sie, nahm sie sanft bei den Schultern. Sie legte ihren Kopf nach hinten auf meinen Bauch und schloß die tränenden Augen.
„Ich komme gleich wieder!" sagte ich. Sie nickte nur.

Draußen erzählte ich dem Vater kurz, daß ich Karla alles gesagt hätte, und erklärte dem Priester, was die Sterbende wolle.
„Krankensalbung ohne Priester – das geht nicht!" sagte er und zuckte die Schultern. Ich war unendlich müde und traurig und hatte weder Lust noch Kraft, jetzt mit ihm darüber lange zu diskutieren. Ich wollte die beiden Frauen auch nicht länger warten lassen. Ich nahm den Brustbeutel, der noch immer auf dem Tisch lag, und ging einfach. Weit hinter mir, wie durch einen dicken Nebel, hörte ich den Aufschrei: „Versündigen Sie sich nicht!" Einen kurzen Moment lang spürte ich eine Hand meine Schulter greifen, ich machte nur eine leichte Drehung und ging in das Zimmer. Eine Schwester hielt den Priester zurück, mir durch die Tür zu folgen. Das alles war aber nicht wirklich. Wirklich war nur dieser Schmerz, der den ganzen Raum erfüllte und nicht schreien konnte.
Selbst vor vielen Jahren Opfer von sexueller Gewalt, konnte ich zumindest erahnen, was Karlas Körper und vor allem ihrer Seele angetan worden war. Tief in meinem Bauch faustete sich ein unsagbarer Schmerz ein und kroch brennend in mein Herz hoch.
Ich setzte mich und nickte der Mutter still zu. Ihre Lippen bewegten sich lautlos im Gebet. Langsam löste ich die Schnüre des Beutels, nahm den Inhalt heraus und schaffte Platz auf dem Nachtkästchen. Dann breitete ich das Korporale auf, legte das Kreuz in seine Mitte und stellte Öl und Krankenkommunion bereit. Die Tränen auf meinen Wangen brannten, ich merkte, daß ich selbst jetzt einfach Zeit brauchte. Alle Behutsamkeit der Welt war notwendig. Ich nahm Papier und Stift aus meiner Tasche. In mir betete sich das Vaterunser, und

Psalmenworte sangen sich ein. Ich brauchte jetzt besondere Worte, brauchte ein Gebet für Karlas Seele, für die Ohnmacht der Mutter, die Einsamkeit des Vaters und meinen Glauben, auf den ein gellendes Warum gerade einschlug.
Langsam begann ich schreibend zu beten, in mir wurde es stiller und stiller. Schließlich streichelte ich wieder Karlas Finger und sagte ihr: „Karla, es ist alles da, Mama und ich sind auch ganz bei dir. Wenn du willst, dann salbe ich dich!" Karlas Kopf drehte sich etwas zu mir, sie versuchte tatsächlich ein Lächeln und nickte, drückte wieder meine Hand.
Die Hand der Mutter faßte zitternd meinen Arm, über die sterbende Tochter hinweg. Unsere Augen verstanden den Blick. Ich betete mit heiserer Stimme, was ich in der Stille geschrieben hatte:

Du Gott, Du in den Himmeln
und mitten unter uns,
Du, überall und jetzt ganz da.
Heiland, der Schmerz, Verachtung,
Folter und Dunkelheit kennt,
Heiland, der heilt und ganz bewahrt
in Seiner Hand, was jetzt
zerbrochen und verwundet ist.
Heiland, der salbt und verbindet nach
all dieser Qual und dem Schmerz,
Heiland, der Licht ist mitten in dieser Nacht.
Du bist da, hier und jetzt!
Weine mit uns!
Deine Tränen vertreiben die grausige Angst
und geben uns Raum.
Raum, um Dich zu fühlen,

mitten in diesem Schmerz.
Raum, Dich nahe zu wissen, Heilmachender.
Laß unsere Seelen nicht verdursten
und nicht verhungern
in der Wüste der Not.
Du selbst bist uns Speise, Dein Stab
schlägt Wasser aus härtestem Stein.
Verzeih Du, was wir nicht verzeihen können,
und nimm uns in Deine Arme,
ganz so, wie wir jetzt hier sind.
Begleite uns
inmitten von Versuchung und Verzweiflung,
von Ohnmacht und Aufschrei
nach Vergeltung.
Laß unsere Herzen still werden
in Deinem liebenden Frieden.
Du Gott, Du Ewiger,
Du hast Schmerz und Tod überwunden.
Löse Angst und Leid,
und verbinde unser Leben mit
Deiner Lebendigkeit.
Sie leite, führe und bewahre uns zu Dir.
Erlöse, richte auf und schütze
in Deiner Liebe.
Darum bitten wir Dich!

Aus dem letzten Teil entstand ganz spontan eine gläubige Zusicherung, und ich betete, während ich Karla salbte, immer wieder:

Er löst deine Angst und dein Leid
und verbindet dein Leben mit
Seiner Lebendigkeit.
Sie leitet, führt und bewahrt dich zu Ihm hin.
Er erlöst dich, richtet dich auf
und schützt dich
in Seiner Liebe.

Schließlich ging ich um das Bett herum und salbte der Mutter Stirn und Hände. Sie brauchte alle Kraft für das Heute und vor allem für ein Morgen!
Ich stimmte das Agnus Dei an und brach ein winziges Eck von der Hostie ab, tauchte es auf meiner Fingerspitze in einen Tropfen Wasser. Karla konnte so die Kommunion auch von den Lippen nehmen und schlucken. Den Rest der Hostie gab ich der Mutter. Sie brach sie entzwei und teilte mit mir. Jetzt war es an mir, noch einmal nur ein winziges Stück für mich abzubrechen. Den Rest gab ich der Mutter zurück und zeigte zur Tür. Sie hatte sofort verstanden, stand auf und brachte ihrem Mann die Kommunion. Karla lag ganz still, und ich saß nur neben ihr, streichelte ihren Finger, spürte, wie dieser wütende Schmerz in mir verlorenging. Tiefe Ruhe füllte den Raum.
Nach einiger Zeit kam die Mutter zurück. Der Vater stand in der Tür. Ich stand auf und holte ihn herein. Als er seine Tochter sah, ließ er sich in meine Arme fallen und weinte lautlos, haltlos. Irgendwann setzte er sich auf meinen Stuhl und nickte.

Immer noch lag alles von der Krankensalbung auf dem Nachtkästchen. Ich tauchte meinen Daumen noch einmal in das Öl und salbte dem Vater Stirn und Hände. Karlas Hand suchte plötzlich seine, und beide hielten zitternd fest aneinander. Jetzt packte ich den Beutel wieder voll und verabschiedete mich wortlos. Nur Karla flüsterte ich ein „Leb wohl!“ ins Ohr. Sie nickte andeutungsweise und versuchte wieder zu lächeln.
Vor der Zimmertür lehnte ich mich an die Wand und atmete tief durch. „Deo gratias!“ mußte ich einfach laut sagen. Schließlich löste ich mich, fragte Schwester Gabi nach dem Geistlichen. Der sei in seinem Büro und hätte sich furchtbar aufgeregt über mich. Ich nickte nur und verabschiedete mich. Draußen war es bereits dunkel geworden. Ich war müde, traurig und glücklich.
Sofort nach meinem ersten Klopfen riß der Geistliche die Tür auf und mir seinen Beutel aus der Hand.
„Sie wissen, daß das Sakrament ungültig ist! Und Sie haben sich schwer versündigt!“ brüllte er mich an.
Ich schüttelte langsam den Kopf. Dann drehte ich mich um und ging. Jetzt war nicht die Zeit zum Diskutieren. Diese Zeit war eigentlich ganz vorbei. Viel zu lange war nur geredet worden. Leere Worte ohne Taten. Leere Worte ohne Fundament. Bodenlose Behauptungen, kopflastig, zeigefingerschwingend.
Ich spürte nur Ruhe in mir. Dieses Mal keine Beklemmung, kein Schuldgefühl, keine Rechtfertigungen und Pseudoaktionen.
Am nächsten Morgen weckte mich das Telefon. Karla war in der Nacht gestorben. Die Eltern erzählten mir von den letzten Stunden. Wir saßen den Vormittag über beisammen. Sie zeigten mir das liebevoll geführte Fotoalbum, und langsam stellte sich Erschöpfung nach der

durchwachten Nacht ein. Die herzliche, feste und lange Umarmung zum Abschied war ein riesiges Danke inmitten all ihrer Trauer.
Ich setzte mich in den Park vor meinem Wohnhaus und horchte in meinen Bauch. Es war Zeit aufzuwachen! Jetzt stellten sich ganz andere Fragen zur Praxis der Krankensalbung. Jetzt war es Zeit, endlich zu handeln. Ich konnte und wollte nicht mehr „blindwütig" gehorchen. Gehorchen einer fremden Stimme – nicht der eigenen. Gehorchen einem Prinzip – nicht Christus in der Nachfolge. So konnte ich nicht mehr weiter! Jetzt wollte ich ganz andere Dinge wissen. Die Bretter vor meinem Kopf fielen morsch zu Boden und gaben meinen Blick frei. Ich mußte meinen eigenen Standpunkt genau bestimmen, mußte ihn deutlich vertreten. Eines war klar: *Die Feier der Krankensalbung ist eine ethische Verpflichtung und keine Frage des Kirchenrechts oder des bevollmächtigten Amtes!*
Ich kann mich nicht mit Schulterzucken und einem „Es tut mir leid!" entschuldigen, wenn das Notwendige wichtig wird. Wenn dieses Sakrament nicht zur Farce werden soll, dann darf ich so nicht mehr stillhalten. Ich darf mich nicht mehr aus meiner christlichen Verantwortung stehlen!
Es war an der Zeit, Antworten auf wesentliche Fragen zu suchen und aufgestellte Regeln zu hinterfragen. *Wenn Theologie reine Wissenschaft und Formelfixierung ist, dann ist sie absurd. Theologie muß lebendig glaubwürdig sein und sich ganz betont leben lassen, sonst ist sie leeres Gewäsch!*
Formeln und Weisungen haben mich marionettenhaft reagieren lassen. Ich mußte mich auf den Weg machen, mir Klarheit in meiner eigenen Verantwortung zu verschaffen.

Der Aufbruch

Nottaufen „darf" jeder getaufte Christ. Ich habe das als Krankenschwester leider auch das eine oder andere Mal miterlebt, wenn ein Kleinstkind mit dem Tod ringen mußte. Eine „normale" Taufe ist auch dem Diakon erlaubt. Nicht aber eine Krankensalbung! Wenn ein gesundes Kind getauft werden soll, ist kein Zeitdruck gegeben. Die Eltern können sich in Ruhe mit einem Priester ihrer Wahl besprechen, sich einen Priester suchen, wenn sie möchten. Hier wäre also die Not eigentlich gar nicht wirklich gegeben. Auch eine Trauung ist kein überraschendes Ereignis, das ohne vorherige Planung und Wegstrecke so einfach passiert. Bei Taufe und Trauung „darf" auch ein Diakon seines Amtes walten.

Nicht aber bei der Krankensalbung!

Immer noch hält sich das „Schreckgespenst" der „letzten Ölung" bei Gläubigen und auch beim Klerus sehr lebendig. Obwohl in der Folge des 2. Vatikanums die Betonung der Krankensalbung als „aufrichtendes und stärkendes Sakrament" wieder bezeugt ist und die eindeutigen Empfehlungen dahin gehen, *vor* einer schweren Operation, *am Beginn* einer schweren Erkrankung, *vor* der völligen Altersgebrechlichkeit … das Sakrament zu „spenden". Wenn nicht ein Unfall, ein plötzlich naher Tod oder – wie bei Karla – ein Verbrechen akut lebensbedrohlich einwirken, ist die Krankensalbung keine „letzte Ölung", und es sollte nicht gewartet werden, bis es fast zu spät ist. Trotzdem passiert es meist immer noch so.

„Ich werde nicht darum gebeten!" sagte mir ein Priester.

„Hast du es angeboten?" fragte ich zurück.

Bringen wir es zur Sprache? Warum ist hier in all den Jahrzehnten seit dem Konzil so wenig Bewußtsein geschaffen worden?
Die Haltung der Amtsträger ist schizophren: Durch mangelnd erlebte Praxis und Präsenz wird die Notsituation im Wettlauf mit dem Tod heraufbeschworen und dann weder dem Diakon noch den LaienseelsorgerInnen in der Kranken- und Altenbetreuung das Sakrament in die Hand gelegt. Wir haben oft genug die gleiche Situation wie bei der Nottaufe und eigentlich auch die gleiche Verpflichtung!
Natürlich kann ich mich leichter hinter einem Ritus verstecken, wenn der Kranke schon fast in Agonie liegt und die Anverwandten sprachlos geworden sind. Da kann ich meine Berührungsängste hinter Mechanismen stellen, brauche nicht unbeantwortbaren Fragen gegenüberstehen, kann mich unberührt wieder zurückziehen. Vielleicht ist das mit ein Grund, warum der Stellenwert der Krankensalbung tabuisiert ist. Dabei wäre gerade dieses Sakrament so hilfreich, Sprache zu finden im Umgang mit Krankheit und Sterben, mit Krise und Schmerz. Dieses Sakrament sollte Tabus brechen und helfen, am Krankenbett ehrlich miteinander umzugehen. Hier würde Raum geschaffen für Angstabbau und Hineinwachsen in neue Lebensbereiche, die Notwendigkeit der Krankensalbung liegt im wahrsten Sinne des Wortes auf der Hand!
Mich erschüttert immer wieder die Tatsache, was bei einem Begräbnis passiert. Hier sind alle Leute da, die am Sterbebett gefehlt haben. Hier wird vor allem auch vom Klerus her nach dem Verstorbenen gefragt, man versucht, persönliche Worte zu finden, den Ritus mehr oder weniger individuell zu gestalten. Ist gut so!

Erschüttert bin ich nur, weil dies am Krankenbett und mit dem *Sakrament* der Krankensalbung nicht oder kaum passiert. *Manchmal frage ich mich, ob wir das Begräbnis zum Sakrament machen und die Krankensalbung zu Grabe tragen, totschweigen, verbieten …*

„Du mußt ja nicht die Krankensalbung spenden, bring ihm die Kommunion, und bete mit ihm!" – Eigenartig: Die hl. Kommunion darf ich mitbringen, nicht aber Salböl. Ist das Öl heiliger oder kostbarer als der Leib Christi?

„Da wird so leicht Magie draus, wenn da unbedingt gesalbt werden muß. Wenn der Kranke die Hostie nicht schlucken kann, kannst du ihm ja die Buxe mit dem Allerheiligsten auf die Brust legen!"

Ich frage mich, was „Magie" ist!

„Die Krankensalbung ist immer mit dem Bußsakrament verbunden. Und Sünden vergeben darf eben nur ein Priester!"

Ist die Krankensalbung ein eigenes Sakrament oder nicht? Darf ich meinen Glauben bekennen und damit auch sagen: „Ich glaube an den barmherzigen Vater, der verzeiht in Seiner unendlichen Liebe, an Jesus Christus, der für uns durch den Tod ins erlöste Leben gegangen ist, und die Lebendigkeit und geistige Heilkraft Gottes, in der nichts verloren ist und alles seinen Frieden und seine Bestimmung findet."?

Ist damit nicht genug gesagt, nicht alles Notwendige gesagt? Gehören, wenn, dann nicht Krankensalbung und Eucharistie zusammen? Warum war das alles so geworden? Warum standen diese recht seltsamen Ausreden überhaupt im Raum und wurden sie von den Sprechern überhaupt noch reflektiert?

Ich hörte sie wohl, allein – mir fehlte der Glaube an

diese Worte. Ich hörte sie wohl, aber meine Fragen wurden nicht weniger. Ganz im Gegenteil!
Ich wollte verstehen, und immer wieder zogen mir solche Leersätze (nicht Lehrsätze!) den Boden unter den Füßen weg. Dieser Leere gab ich jetzt nicht mehr nach. Stein um Stein sammelte ich, und der Weg wurde trittfest, hielt zunehmend stand – ich lernte verstehen, glaubwürdig meinen Standpunkt vertreten. Mit beiden Beinen fest am Boden und die Hände frei zum Nehmen und Weitergeben. Ganz Ohr, um in mich und um mich zu horchen …

Die Spurensuche

Die sehr stürmische Geschichte der Krankensalbung erzählt mehr als nur historische Ent- und Verwicklungen. Sie ist auch ein Spiegel, der uns deutlich vor Augen führt, wie wir mit Leid, Krankheit und Tod menschlich oder eben unmenschlich umgehen, wie tief Verdrängungen und Ängste im Angesicht von Schmerz und Not in uns allen stecken. Die Krankensalbung selbst ist auch ein Fenster, das uns Ausblick und Wegweiser zeigt, gerade mitten aus der Tatsache des Leidens heraus und zugleich Einblick mitten in das Leben dieser Schöpfung hinein.

Ich möchte hier von meiner Spurensuche erzählen, von den Punkten, die mich berührt und bewegt haben, die mich nachdenken und weitergehen ließen. Es geht mir nicht um eine historische Vollständigkeit, nicht um die Geschichtswissenschaft, dazu gibt es genug Literatur. Für mich war das Handbuch der Liturgiewissenschaft (Verlag F. Pustet, 1992) über die Feier der Krankensalbung ein wichtiger Kompaß. Vielleicht reizt die Geschichte meiner Spurensuche, eigene Nachdenk-Schritte aus Betroffenheit oder geweckter Neugier zu setzen. Aus der eigenen Erfahrung kann ich nur sagen: Es ist ein spannendes Abenteuer!

Im Alten Testament begegnen die Menschen Krankheit, Sterben und Tod ganz selbstverständlich. Das ganze Leben, in Glück und Unglück, steht im Zusammenhang mit Gott. Daraus ist es nur logisch, daß Schuld, Sühne, Strafe, aber auch Lernprozesse und Chancen zum Neubeginn mit der Leiderfahrung eng

verknüpft werden. Zugleich wird aber auch deutlich, daß sich damit nicht alles erklären läßt. Warum leidet der Gerechte, stirbt auch der Unschuldige? Die Dichtung der Hiobsgeschichte wirft diese Frage in kraftvollen Bildern auf, stellt die ewige Sinnfrage des Leides und kommt zur einzigen Antwort: „Ich bin zu gering, es zu begreifen!"
Das Rätselhafte, Unbegreifliche bleibt Gott zugeordnet. Die Psalmen lassen uns heute noch in allen Lebenslagen in diese Glaubensgrundlage, dieses Geheimnis eintauchen. „Auch wenn ich Dich nicht verstehen kann, vertraue ich auf Dich, mein Gott!" ist das Bekenntnis, von dem sie erzählen.

Selbst Gott hat in Jesus das Geheimnis des Leidens nicht entschlüsselt. Jesus, der Heiland, hat viele Kranke geheilt. Gott wirkt heilsam, heilend und heilig. Das ist Seine Antwort auf den Schmerz und das Leid. Diese Schöpfung soll werden, wachsen und reifen. Sie ist nicht fertig, am Ende, zum Stillstand gebracht. Damit sie leben kann, braucht sie den Tod. Wenn nichts stirbt, kann nichts werden. Mit dem Tod ist Schmerz und Leiden verbunden. Gott hat viel Phantasie aufgewendet, Seiner Schöpfung und allen Geschöpfen die Freiheit der eigenen Entwicklung und Entfaltung zu überlassen. Jesus selbst ist durch Verachtung, Schmerz und Tod gegangen. Er hat nichts abgeschafft, aber neue Dimensionen sichtbar und erfahrbar aufgetan. *Krankheit ist auch und vor allem Weg mit diesem Christus, ist Weg aus der Dunkelheit ans Licht, aus dem Unheil zum Heil.* Gott ist nicht Zerstörer, sondern Vollender. Nicht die Krankheit bleibt, nicht der Tod; das Heil, das Ganzwerden, das Leben über allen Tod hinaus geschieht.

Bei Jesus Sirach (38,9.12-14) finden wir eine sehr schöne Empfehlung: „*Mein Sohn, bei Krankheit säume nicht, bete zu Gott; denn Er macht gesund.*“ Und dann fügt er hinzu: „*Doch auch dem Arzt gewähre Zutritt! Er soll nicht fernbleiben; denn auch er ist notwendig. Zu gegebener Zeit liegt in seiner Hand der Erfolg; denn auch er betet zu Gott, Er möge ihm die Untersuchung gelingen lassen und die Heilung zur Erhaltung des Lebens.*“
Jesus als Heiland hat viele Kranke geheilt. Diese Heilungsgeschichten beginnen mit einer Frage. Nicht nach Schuld, Vergeltung und Gerechtigkeit, nicht nach Strafe und Sühne. Jesus hat gefragt: „*Was willst du?*“
Er hat gehört, was der Kranke sagte, der jetzt vor ihm stand oder lag. Beide waren sie unterwegs gewesen, begegneten einander, kamen aufeinander zu. Und in der Heilung kam das Wort: „*Dein Glaube hat dich geheilt, gerettet ...*“
Ich bin nicht der ohnmächtige Kranke, ausgeliefert und entmündigt, der sich brav therapieren lassen soll und dessen mögliche Genesung der Triumph der Medizin ist. Dem heutigen Arzt steht es gut an, die Weisheit bei Jesus Sirach nachzulesen und beim göttlichen Arzt Christus zu lernen, wie er ein Gespräch mit einem Kranken führen kann! Aber auch uns Patienten wäre es dringend anzuraten!
„Herr Doktor, was fehlt mir?“
„Sie haben Krebs!“
Hören wir, wie absurd dieses Gespräch ist? Warum weiß *ich* nicht, was *mir* fehlt, was *mir* abgeht?
Der Krebs fehlt mir sicher nicht! Den sollte ich doch gar nicht haben! Falsche Frage und falsche Antwort. Die einzige Frage, die ich dazu an beide hätte: Habt ihr überhaupt gehört, was jeder von euch gesagt hat?

„Was willst du?" ist eine Frage nach mir selbst, nach Sehnsucht, Bedürfnis, eigenem Willen, eine würdevolle Frage. Ich werde nicht bevormundet, nicht zwangsbeglückt, nicht beschämt als passiver Bittsteller. Da will jemand zuhören, wissen, helfen. Helfen, nicht weil *er* das jetzt so will und für gut findet, sondern weil *ich* es jetzt brauche und auch bereit bin, Hilfe anzunehmen.
„Was fehlt dir?" ist *keine* diagnostische Frage nach Fehlfunktionen, sondern ein „Was geht dir ab – was vermißt du?"
Ich vermisse die Kraft aufzustehen, es fehlt mir der Mut, mit einem Freund / meinem Lebenspartner über Schmerzen, Ängste ... zu sprechen, es fehlt mir die Hoffnung, daß ich leben kann – heute, jetzt; es fehlt mir Liebgewordenes, mein Sport, mein Beruf ...
„Was fehlt dir?" ist die Frage der Krankensalbung, denn genau hier beginnt dieses Sakrament in mehrfacher Weise:

- *Aufrichten* aus Niedergeschlagenheit, aus dem Alleinsein in der Angst ...
- *Richten auf* eine tiefere, neue, lebendige Gottessicht: mit Hiob über Golgotha nach Emmaus ...
- *Aufrichtig* reden miteinander über Ängste und Nöte und dabei entdecken, daß nicht jeder für sich allein ist. Wir leiden jetzt gemeinsam. Ehrlichkeit am Krankenbett in der Solidarität der Ohnmacht ...
- *Richtig auf* das Miteinander hin in einem: „Wenn zwei oder drei in Meinem Namen beisammen sind, dann ..."

In der Begegnung Jesu mit den Kranken zeigt sich das Grundwesen der Sakramente. Denn alle Sakramente sind Begegnungen mit Gott. Ganz persönlich und glaubensreal. „*Wer bin ich für Dich?*“ steht als Frage auf beiden Seiten. Gott stellt sie mir, und ich stelle sie Gott. Damit wird ein gegenseitiges Erkennen ganz anderer Art möglich als in der Frage: „Wer bist du?“

Wir wissen aus den Psalmen und vor allem von Jesus selbst, der diese Frage auch seinen Jüngern stellt, daß Gott fragt: „*Kannst du, Mensch, Mir sagen, wer Ich bin?*“ Im Lobpreis antworten wir genau darauf.

In dieser gegenseitigen Frage wird zur Geschichte aufgefordert. Was haben wir zusammen erlebt? Was wissen wir voneinander? … Es ist keine Namensfrage, sondern eine Frage nach Wesen, Persönlichkeit, nach Erfahrungen im Umgang miteinander.

In dieser Frage kann der Mensch mit Gott und Gott mit dem Menschen die gemeinsame Geschichte überblicken, bewußtmachen, und Schritt für Schritt offenbart sich darin die Sehnsucht des Menschen nach Heilsein, nach Ganzwerden, und daraus die Menschenfreundlichkeit Gottes als Heiland, die dieser Sehnsucht gegenübersteht.

Wenn ein Freund mir die Frage stellt: „Wer bin ich für dich?“, dann fragt er mich auch, wie er zu mir steht, wie er mir Freund ist, woran ich das erkennen kann.

Wenn Gott mir diese Frage stellt, so fragt Er mich auch nach Seinem Menschsein und In-der-Welt-Sein. Damit nimmt Gott ganz real Raum in meinem Leben. Wieviel Phantasie wendet Er auf, mir meine Freiheit in meiner ganz persönlichen Würde zu überlassen? Seine Gnade, Seine Führung und Sein Wille sind nicht Marionettenschnüre, an denen ich hänge. *Seine Gnade, Seine*

Führung und Sein Wille sind Ausdruck Seiner liebenden Begleitung. Von dieser unfaßbaren Liebe und dieser Begegnung zeugen alle Sakramente. *Der Umgang Gottes mit den Menschen kann gar nicht anders als „sakramental" sein – heilsam, heilend und heiligend.* Das griechische Wort für Sakrament sagt „Mysterion", Geheimnis, dazu. Und hier wird der intime, ganz persönliche Charakter spürbar, den diese Liebe ausstrahlt, die Zärtlichkeit wird erahnbar. Das gilt sicher für das ganze Sakrament „Leben" und muß damit auch voll zur Geltung gelangen in den sogenannten „katholischen" sieben Sakramenten.

Wichtig ist mir, an dieser Stelle etwas zum besseren Verständnis zu klären:

Wer von „*katholisch*" spricht, muß sich klar sein, daß es damit *nicht* um eine Konfessionsbezeichnung geht! „Katholisch" ist *der* Wesenszug, *die* grundlegende Wesensbezeichnung *aller* christlichen Kirchen!

„Allumfassend, allgemein (in Gemeinschaft mit allen)" heißt dieses Wort „katholisch". Unsere Religion geht vom Glauben an diese innige Beziehung Gottes mit den Menschen aus. Dieser Gott, der sich durch Jesus Christus nicht „nur" als Weltschöpfer, sondern auch als lebenspendende und -erhaltende Kraft des Geistes geoffenbart hat. Die ganze Schöpfung ist durch alle Zeit hineingenommen in die Heilsgeschichte dieses dreifaltigen Gottes mit uns Menschen. Daran glauben wir Christen, und das ist eben „allumfassend, allgemein". *Nichts wird verloren sein* ist der universelle Grund unseres Glaubens.

Das Prädikat „katholisch" kann damit immer nur im Blick auf diese Gottbezogenheit des Menschen und Menschbezogenheit Gottes gesehen werden, eine rein

menschliche Gemeinschaft kann diesen universellen Charakter niemals schaffen.
Sakramente sind deshalb immer Zeugnis dieser grundlegenden Katholizität unseres Christentums. Hier liegt auch ihre ökumenische Dimension.
Es ist deshalb z. B. völlig absurd, die Verweigerung des Frauenpriestertums ausgerechnet an dieser Katholizität festmachen zu wollen! Paragraphenreiterei auf bestimmten Kirchenrechtssatzungen, eingemauerte Traditionismen können angeführt werden. Das sind klare Fragen an einzelne konfessionelle Haltungen. *Aber genau auf der Ebene der allumfassenden, allgemeinen, eben „katholischen" Sicht kann nicht der halben Menschheit abgesprochen werden, daß Gott zum Priesteramt beruft.*
Der Mensch wurde geschaffen als Mann und Frau, nach Seinem Bild hat Er sie geschaffen. Nicht den einen mehr und die andere weniger! Sein Geist beruft Menschen in den besonderen Dienst – für und an Menschen für und in dieser allumfassenden Heilsgeschichte mit Ihm. Den Frauen diese Berufung auf dem Hintergrund der Katholizität abzusprechen, heißt Gott zu einem kleinkarierten Sexisten zu verstümmeln! Anders läßt sich das leider nicht sagen. Aber die Frauenordination ist nicht Thema dieses Buches.

Die Krankensalbung zeigt in ganz besonderer Weise die katholische Dimension unseres christlichen Glaubens. Mitten in meinem Unheilsein, meinem ganz persönlichen Leid und meiner Sterblichkeit bringt sie Heilung zur Sprache, richtet sie mich auf Leben aus – auch über den Tod hinaus –, stärkt heiliger, heilender Geist meinen schwachen Körper, hilft der niedergedrückten Seele auf, weitet den wirklich trüben Blick auf eine klare Hoffnung, gehalten und nicht verloren zu sein. *Getragensein macht vieles erträglicher!* Diese Gewißheit steht mitten im Schmerz als lebendiger Halt, ob der Tod dazwischenliegt oder nicht.

Die Eucharistie ist in Verbindung mit der Krankensalbung noch einmal eine wesentliche persönliche Zusicherung Gottes: „Du bist nicht allein. Ich weiß, was du jetzt fühlst. Ich verstehe dich ganz genau. Ich gehe mit dir!"

Aber kehren wir zurück zur wechselvollen Geschichte dieses Sakramentes!

Nur an einer Stelle der Evangelien wird berichtet, daß die Jünger ein damals übliches Mittel zur Wundbehandlung bei Krankenheilungen verwendeten: „... *sie salbten viele Kranke mit Öl und heilten sie.*" (*Mk 6,12 f.*)

Im frühen Judentum war das Lebensöl vom Lebensbaum des Paradieses wesentlicher Bestandteil von Glaubens- und Heilsriten. So wie die Frucht des Lebensbaumes und das Lebenswasser sollte dieses Öl vor dem Tod bewahren und das Leben erhalten.

Der ägyptische Totenkult belebte durch Ölsalbung die Toten wieder, und in der mandäischen Gnosis war das Öl ein Schutzmantel für die Seele auf ihrer Himmelsreise.

Ausschlaggebend für die heute praktizierte Krankensalbung als Sakrament war aber eine Stelle im Jakobusbrief (5,14 f.):

„Ist einer von euch krank? Dann rufe er die Ältesten der Gemeinde zu sich, sie sollen Gebete über ihn sprechen und ihn im Namen des Herrn mit Öl salben. Das gläubige Gebet wird den Kranken retten, und der Herr wird ihn aufrichten; wenn er Sünden begangen hat, werden sie ihm vergeben."

Der Verfasser des Jakobusbriefes bezeugt damit eine Praxis im Umgang mit Kranken in den christlichen Gemeinden des ersten Jahrhunderts. In diesem Brief spricht Jakobus allgemein von der Macht des Gebets. Er fordert auf, in allen Lebenslagen voll Vertrauen zu beten. Im Krankheitsfall geht er aber betont über das private Gebet hinaus.
Jakobus spricht hier offensichtlich einen Menschen an, der geschwächt ist. Er kann das Haus nicht verlassen und selbst zu den Ältesten gehen. Aber dieser Kranke ist nicht bewußtlos und auch nicht sterbend, nicht „dem Tode nah". Er kann die Ältesten rufen lassen. Damit ist eindeutig ein „Kranker" und *nicht* ein „Sterbender" gemeint.
Die „Ältesten" können hier nur die Mitglieder des kollegialen Leitungsgremiums der Gemeinde sein. Da hier sogar die Einheitsübersetzung weder das Fremdwort „Presbyter" noch die interpretierende Übertragung „Priester", sondern die wörtliche Übersetzung „Älteste" verwendet, ist eine etymologische Auslegung durchaus richtig: Er (der Kranke) soll *Ältere* rufen. Die Jüngeren haben noch zuwenig Weisheit und Lebenserfahrung.

Als junge Krankenschwester habe ich oft selber erlebt, wie wohl es tat, nicht allein am Bett eines Kranken zu sein und von den Erfahrungen der Älteren zu lernen. Die Lebensschule zählt ihre Weisheitslektionen zwar nicht in Jahren, aber im Laufe von Jahren wird Lebenserfahrung reifer und anwendbarer. Auch in der Krankenseelsorge müssen wir darauf achten, daß nicht zu junge Einzelkämpfer „verheizt" werden!
Jakobus sagt es richtig: Zum Kranken zu gehen braucht Weisheit und Lebenserfahrung, und es sollen mehrere

kommen, nicht einer, aber auch nicht alle. Einer ist zuwenig, weil es diesem einen selbst zuviel sein kann, und alle sind zu viele, das ist dem Kranken zuviel.

Die Ältesten sollen „über ihn“, also „für ihn“ bei Gott bitten. Nach dem Urtext kann dies „während sie ihn salben“ oder „nachdem sie ihn gesalbt haben“ geschehen. Die Salbung soll „im Namen des Herrn“ erfolgen. Damit ist nicht gemeint, daß sie es „im Auftrag des Herrn“ tun, sondern „in der Kraft des Herrn“!
Petrus selbst sagt es deutlich, bevor er den gelähmten Äneas in Lydda heilt: „Äneas, Jesus Christus heilt dich!“ (Apg 9,34)
Im nächsten Satz wird bei Jakobus gesagt, daß „der Herr den Kranken aufrichten“ wird. Damit ist eindeutig klar, daß *das Gebet die Kraft Gottes herbeiruft und nicht das Öl magische Wirkung hat*. Die Salbung hat aber eine zutiefst menschliche Dimension der Berührung und des Berührtseins. Sie bringt zärtliche Begegnung und Zuwendung Gottes zum Kranken deutlich zum Ausdruck.
Wer selbst jemals krank war, der weiß, wie gut solche Streicheleinheiten tun!
Lange Zeit wurde nur dem Gebet Wert beigemessen, das die Amtsträger bei der Segnung des Öls gesprochen haben, nicht einmal mehr dem Gebet über dem Kranken und schon gar nicht einer durchgeführten Salbung. Das ging sogar so weit, daß man sich begnügte, „über das Öl“ zu beten. Der Kranke war gar nicht mehr dabei. Deshalb erscheint mir der Urtext, der *Gebet und Salbung* miteinander eindeutig verbindet, so wichtig. In der Einheitsübersetzung wird die Trennung aufrechterhalten. Vielleicht kommen daraus auch immer wieder die

geschilderten Aussagen, daß „die Salbung nicht so wichtig" sei.
Jakobus schreibt weiter, daß der Kranke vom Herrn „gerettet" wird. In seinem Brief kommt dieses Wort viermal vor und meint jedes Mal die Dimension des ewigen Lebens. An dieser Stelle ist es aber sicher *nicht* eschatologisch zu verstehen! Denn die Ältesten kommen zu einem Kranken und nicht zu einem Sterbenden. Dieser – wahrscheinlich bettlägerige – Kranke hat selbst nach ihnen verlangt. Ihr Gebet soll also ganz konkret rettende, heilbringende Wirkung haben. Hier und jetzt und nicht jenseits des Todes!
Weiters soll der Kranke *„aufgerichtet"*, im Sinne von „erleichtert" und *nicht* im Sinne von „auferweckt", werden. Der Herr wird den Kranken auf das Gebet *und* die Salbung hin „aufrichten". Hier dürfte es weniger darum gehen, seinen Körper zu kräftigen, als vielmehr darum, die niedergeschlagene, deprimierte Seele aufzurichten. Im Beten und Salben erfährt der Kranke Zuwendung, tröstliche Zärtlichkeit, und genau darin erwächst die Kraft Gottes, die Leiden seelisch bewältigen läßt. Auch hier meint Jakobus das Jetzt: realen, spürbaren Trost und keine eschatologische „Vertröstung".
Es geht *nicht* um das Beten „für eine gute Sterbestunde". *Jakobus beschreibt eindeutig Krankenseelsorge:* Sorge um und für den Kranken mit Leib und Seele.
Eine dritte Zusicherung gibt er jetzt noch: *„Für den Fall, daß er Sünden begangen hat, werden sie vergeben."* Welch ein Satz! Hier wird zuerst einmal deutlich eingeräumt, daß sich der Kranke nicht versündigt hat! Die Zusicherung der Vergebung wird ebenfalls dem Kranken und *nicht* dem Sterbenden mit eschatologischer Ausrichtung gegeben. Ganz eindeutig werden dem Kranken, falls er

Sünden begangen hat, diese *mit der Salbung* von Gott vergeben!

Die feste Verknüpfung von der Krankensalbung an das Bußsakrament – eines der Hauptargumente der alleinigen amtspriesterlichen „Spendung" – *ist nicht haltbar. Daran festzuhalten heißt zumindest eines der beiden Sakramente zur Farce zu machen!*

Eine solche Verknüpfung ist ein historischer Irrtum und entbehrt jeder theologischen Grundlage!

Ganz anders die Verbindung zwischen Krankensalbung und Eucharistie. Dieser Gott, der durch Leid und Schmerz und Tod gegangen ist, der meinen Schmerz und meine Angst versteht, ist jetzt da! Die Krankenkommunion ist aber *nicht* „Ersatz" für die Krankensalbung!

Die Krankensalbung selbst zeigt in den drei Verheißungen, die Jakobus bezeugt, eine wichtige Steigerung: Der kranke Körper soll gerettet werden, gesunden. Die Seele soll aufgerichtet, die Belastung erleichtert werden, und die Sünden sind vergeben. Darin liegt das *ganze Heil!* Würde man diese drei Verheißungen eschatologisch sehen, hätten sie keinen Sinn. Worin sollte die „Rettung" eines Kranken bestehen, der frei von Sünde ist?

In den ersten Jahrhunderten brachten die Gläubigen selbst Öl in die Kirche mit, das dann vom Bischof oder Presbyter nach dem Hochgebet gesegnet wurde. In manchen Gebieten wurde das Öl auch in Verbindung mit der Krankensalbung gesegnet. Ab dem 5. Jahrhundert setzte sich langsam der römische Brauch durch, daß nur der Bischof am Gründonnerstag die Ölweihe durchführte. Außerhalb des Mittelmeerraumes war es schwierig, Olivenöl zu bekommen, es war teuer. Das mag mit

ein Grund gewesen sein, warum die Gläubigen immer seltener Öl in die Kirche brachten und das Sakrament der Krankensalbung vernachlässigt wurde. Es gab auch niemals eine Verpflichtung zum Empfang der Salbung. Schließlich wurde das Öl nicht mehr zu Hause aufbewahrt, sondern in der Kirche bei Bedarf geholt. Weihe- und Segensgebete über das Öl gab es in verschiedensten Formen. Eines der ersten ist um 215 datiert:
„*Wie Du, dieses Öl heiligend, o Gott, die Heiligkeit denen gibst, die damit gesalbt sind und es empfangen (dieses Öl), mit dem Du Könige, Priester und Propheten gesalbt hast, so möge es denen Stärkung verleihen, die es kosten, und Gesundheit, die es brauchen.*“ (Traditio Apostolica Hippolyts)
Das Öl war damit geheiligt und dazu geeignet, daß Gott an denen, die das Öl tranken oder sich salben oder salben lassen, heilend wirkt. Stärkung, Gesundheit und Heiligung werden erwähnt.
Im 5. Jahrhundert passiert eine folgenschwere Ungenauigkeit. In Antiochien wird im Segensgebet über das Krankenöl gebetet:
„*… daß es die Leidenden befreie, die Kranken gesund mache und jene, die umkehren, heilige, wenn sie zum Glauben an Dich kommen …*“ (Testamentum Domini)
„Die, die umkehren und zum Glauben kommen“ sind jene, die getauft werden sollen: die Katechumenen. Damit wird das Krankenöl vom Katechumenenöl nicht klar unterschieden. Wenn nun das Öl, das hier „zur Heilung derer, die leiden“, gesegnet wird, mit den „Umkehrwilligen“ in Verbindung gebracht wird, dann wird hier grundgelegt, daß alle Menschen, die Sünder sind, krank an ihrer Seele sind. Die ersten zarten Fäden zur Verbindung Bußsakrament und Krankensalbung

werden hier geknüpft. Auch die ersten Fäden, Krankheit als Besessenheit vom Bösen zu bewerten.
Noch im 4. Jahrhundert werden Wasser und Öl gleichzeitig gesegnet. Gott wird dabei gepriesen, daß Er *„das Wasser zum Trank und zur Reinigung und das Öl, um das Antlitz zu erheitern und mit Freude zu erfüllen“* gibt. Im nachfolgenden Segen wird nicht ausdrücklich das Wasser und das Öl getrennt gesegnet. „Gesundheit soll bewirkt, Krankheit vertrieben, Dämonen in die Flucht geschlagen“ werden. Hier geht es also eindeutig nicht um Taufwasser oder Katechumenenöl, sondern eher um Weihwasser und Krankenöl.
Im Testamentum Domini des 5. Jahrhunderts wird empfohlen, über das Wasser dasselbe Segensgebet wie über das Öl zu sprechen. Damit wird der Gedankenkreis um Taufe, Sündenvergebung durch Taufe, Tauferinnerung und Buße in der Krankensalbung angedeutet.
Das Trinken des Öls verliert sich offenbar langsam und findet bald keine Erwähnung mehr.
Im 7. Jahrhundert ist im altspanischen Raum ein langes, weitschweifiges Segensgebet in Verwendung. Ausführlich werden im „Domine Jesu Christe“ die Krankheiten und die körperlichen Wirkungen der Salbung aufgezählt. *Von Sündenvergebung ist nicht die Rede.*
Diesem „Mangel“ möchte offenbar das Rituale der Abtei Silos (1039) abhelfen und stellt dem Segensgebet den *Exorzismus* voran. Dieser Exorzismustext wurde vom Exorzismus über dem Katechumenenöl leicht abgewandelt übernommen und kommt bis 1596 immer wieder vor.
Die Betonungen wurden sehr verschieden gesetzt zwischen körperlicher, seelischer und/oder bekehrender, vergebender Wirkung. Die logische Steigerung eines

Jakobus war nicht mehr ersichtlich. Auch nicht mehr seine „Unschuldsmöglichkeit".
In diese Zeit der alten Kirche fällt auch ein sehr wichtiges und überaus interessantes Dokument. Der Bischof von Gubbio, *Decentius*, hatte offenbar an *Papst Innozenz I.* (402–417) Fragen zur Krankensalbung gestellt. Am 19. März 416 antwortet ihm der Papst:

> „Weil du mich über das andere hinaus auch befragen wolltest, schrieb mir mein Sohn, der Diakon Caelestinus, in seinem Brief, daß du eine Frage zum Text aus dem Jakobusbrief gestellt hast: ‚Ist einer von euch krank? …' (Jak 5,14 f.). Zweifellos muß das von den kranken Gläubigen verstanden werden, die mit dem heiligen Öl des Chrisma gesalbt werden können. *Dieses Öl wird vom Bischof geweiht und darf nicht nur von den Priestern, sondern von allen Gläubigen in eigener Not oder in der Not der Ihrigen zur Salbung verwendet werden.*
> Überflüssig scheint uns die Frage, ob den Bischöfen zu tun erlaubt sei, was ohne Zweifel den Presbytern erlaubt ist. Denn deswegen ist hier von den Presbytern die Rede, weil die Bischöfe von anderen Verpflichtungen in Anspruch genommen sind und so nicht zu allen Kranken gehen können. Wenn aber der Bischof in der Lage ist und es für angebracht hält, jemanden zu besuchen, zu segnen und mit dem Chrisma zu salben, so kann er es ohne Schwierigkeit, da er doch das Chrisma selber weihen kann. Die Büßenden dürfen nicht mit dem Öl gesalbt werden. Es gehört zu den Sakramenten, und wem die übrigen Sakramente versagt werden, wie kann man dem dann diese eine Art (von Sakrament) zugestehen?"

Innozenz I. befaßt sich in diesem Brief mit zwei Fragen:

1. Wer kann gesalbt werden?
   Kranke Gläubige, also Getaufte; mit der Einschränkung der öffentlichen Büßer, die als exkommuniziert gelten. Er begründet dies damit, daß die Krankensalbung eine „Art Sakrament" (genus est sacramenti) ist, und stellt sie in der Verweigerung den anderen Sakramenten, vor allem der Eucharistie gleich.
2. Wer darf salben?
   Der Papst gibt hier offenbar dem Bischof die römische Praxis weiter: Nicht nur dem Bischof und den Priestern, sondern *allen Gläubigen* ist es erlaubt, das Öl zu gebrauchen, um sich und die Ihrigen zu salben, wenn es notwendig ist.

Aus dieser Antwort geht auch hervor, daß nicht die Salbung mit Öl, sondern das Öl selbst im altkirchlichen Sprachgebrauch als Sakrament bezeichnet wird. Damit wird das Krankenöl selbst den anderen Sakramenten vergleichbar, etwa der Eucharistie, die Innozenz auch als Sakrament bezeichnet.

Der Bischof soll den Kranken in seinem Haus besuchen, um den Kranken und nicht das Salböl zu segnen und ihn mit dem Salböl zu berühren, zu salben. Also wird auch hier das Öl äußerlich angewendet und nicht getrunken.

Der Bischof ist der einzige, der das Salböl weihen kann. Daß das Öl von den Laien verwendet wird, schließt den Besuch des Presbyters oder Bischofs nicht aus. Über den Grad der Krankheit wird nichts gesagt. *Die Salbung ist für Kranke.* Für die Aufhebung der Exkommunikation ist Todesgefahr nötig. Da der Papst aber die öffentlichen Büßer betont ausschließt aus der Krankensalbung, kann es sich *keinesfalls* um ein „Sterbesakrament" handeln.

Dieser Brief des Papstes läßt über Jahrhunderte hinweg die Erlaubnis offen, daß jeder Gläubige das Sakrament spenden darf.

Beda Venerabilis († 735) schreibt mehrfach über und zur Krankensalbung. Bei ihm zeigt sich deutlich, welche Irrwege passieren, wenn Geschichte von heute ins Gestern passen muß. In Mk 6,12 f. lesen wir: „*Darauf zogen sie aus und predigten, daß man umkehren solle. Dabei trieben sie viele Dämonen aus und salbten viele Kranke mit Öl und heilten.*"
Diese Stelle bringt Beda in Verbindung mit Jak 5,14 f. und folgert daraus: „*Daher ist es klar, daß von den Aposteln her der Brauch der heiligen Kirche überliefert ist, daß die Besessenen oder sonstige Kranke mit Öl gesalbt werden, das durch die bischöfliche Segnung geweiht ist.*"
Weder Markus noch Jakobus schreiben davon, daß „Besessene" zu salben sind oder das Öl von einem Bischof geweiht werden muß! Beda will offensichtlich die gängige Kirchenpraxis auf die apostolische Zeit zurückführen und so rechtfertigen. Damit weist er auch Fixierungen für die Zukunft in ganz bestimmte Bahnen. Obwohl es allerdings längst zunehmende Praxis ist, daß die Kranken von Priestern gesalbt werden, macht niemand dies zu einem Muß. Zum einen dürfte der Brief von Innozenz I. hier noch immer seine Wirkung tun, zum anderen wäre eine Beschränkung auf die Priester nicht praktizierbar gewesen. In den zahlreicher werdenden Landgemeinden wäre es unmöglich gewesen, mehrere Priester zu einem Kranken zu rufen, oft war nicht ein einziger verfügbar. Tatsächlich schreibt Beda, es sei zwar „Brauch der Kirche", daß Kranke von Priestern gesalbt und durch das begleitende Öl geheilt würden.

Aber „wie Papst Innozenz schreibt“, könnten alle Gläubigen dieses Öl verwenden, mit dem sie sich selbst oder die Ihrigen salben, wenn nur das Öl vom Bischof geweiht sei.
Schließlich kommt Beda auch auf die Sünden zu sprechen und bringt sie in Zusammenhang mit der Krankheit. Wichtig ist, daß Beda im Zusammenhang mit der Salbung *nicht* von Sündenvergebung spricht, sondern ein *eigenes* Sündenbekenntnis verlangt. Beda lebt in der Zeit, in der die *Tarifbuße* mehr und mehr Bedeutung gewinnt. Er schreibt allerdings, daß leichte und läßliche Sünden des Alltags die Gläubigen voreinander bekennen und mit dem gemeinsamen Beten tilgen könnten. Bei schweren Sünden müßten sie aber dem Priester ein Bekenntnis ablegen und die Buße auf sich nehmen.
Die Verbindung zwischen Bußsakrament und Krankensalbung ist hergestellt. Dort, wo die Buße häufiger praktiziert wird, findet auch die Krankensalbung mehr Praxis. In anderen Gebieten wird die Buße als *Krankenbuße* bis ans Ende des Lebens aufgeschoben, und damit kommt die Krankensalbung selbst immer mehr in den Bereich der Todesstunde.
Die praktische Entwicklung hin zum Sterbesakrament wurde in den folgenden Zeiten *nachträglich* theologisch gerechtfertigt, und diese rein spekulative Theologie blieb ihrerseits nicht ohne Auswirkung auf die Praxis. Einige Synoden befaßten sich im 9. Jahrhundert mit der Krankensalbung, weil nicht nur die Gläubigen, sondern auch die Priester kaum mit dem Sakrament umgingen. Immer wieder wurde von den Bischöfen und den Synoden ermahnt, „Sterbende nicht ohne Buße und Wegzehrung und ohne die Salbung mit heiligem Öl“ dem Tod zu überlassen. Die *Wormser Synode* 868 übernahm

ohne weiteren Kommentar den Brief von Papst Innozenz I. als ganze Antwort zum Thema „Krankensalbung". Allerdings mit einer *wesentlichen Änderung, Fälschung des Wortlautes:* Innozenz schrieb, daß das Öl „nicht nur von (Bischöfen), Priestern, sondern von allen Christen in eigener Not und in der Not der Ihrigen zur Salbung verwendet" werden darf. Jetzt hieß dieser Satz aber: Das vom Bischof geweihte Öl „ist nicht nur *für* Priester, sondern *für* alle, insofern sie Christen sind, in eigener Not und in der Not der Ihrigen zur Salbung". Damit wird nicht mehr gesagt, wer salben darf, sondern wer gesalbt wird. Die Beschränkung auf Priester als Spender und die Beschränkung auf Sterbende wurde beibehalten, obwohl Innozenz I. ganz anders geschrieben hatte.

Man ging sogar so weit, diesen Papstbrief dafür zu gebrauchen *(mißbrauchen)*, das Verbot an die Laien zu begründen.

„Das Salböl ist eine Art Sakrament" wurde – aus dem Kontext gerissen – als Begründung des Innozenz zitiert. Wir haben gesehen, daß Innozenz diese Begründung eindeutig auf den Ausschluß der öffentlichen Büßer vom Sakrament bezogen hat.

Das Verbot an die Laien, Kranke zu salben, Krankenöl aufzubewahren und zu verwenden, widerspricht eindeutig dem päpstlichen Brief. Auch die Interpretation, daß es sich nur dann, wenn ein Amtsträger salbt, um das Sakrament der Krankensalbung handle, muß als *widerrechtliche und unzulässige Eintragung* in den Text des 5. Jahrhunderts gesehen werden!

Waren zur Zeit der Wormser Synode solche Fälschungen keine Seltenheit in kirchlichen und politischen

Bereichen, so ist damit heute doch nicht mehr zu begründen, warum solche Irrtümer immer noch aufrechterhalten werden. *Mit „Tradition" Irrtümer und Fälschungen zu zementieren, macht den Irrtum nicht richtiger und die Fälschung nicht wahrer.* Ganz im Gegenteil! Jetzt wird wider besseres Wissen gehandelt und reglementiert. Betrug im Namen Gottes an gutgläubigen, vertrauenden Menschen. Wann hat das endlich ein Ende?!

Aber kehren wir in die Vergangenheit zurück:
Aus der Krankensalbung wurde unaufhaltsam ein Sterbesakrament. Im 10. Jahrhundert ging man schließlich so weit, den Kranken keinerlei Gottesdienste mehr zuzugestehen, schon gar nicht die Krankensalbung. Diese war allein dem Todgeweihten zugeordnet. Grundsätzlich wurde Krankheit mit Sünde fest verbunden, und damit blieb für den Kranken nur der Exorzismus, weil ja der Urheber der Sünde getroffen werden sollte!
Zugleich wurde die ursprüngliche Krankensalbung zu einer wahren Tortur für den Sterbenden. Dieser wurde aus dem Bett geholt, mußte in kniender Stellung stundenlange Litaneien und Gebete über sich ergehen lassen. An sieben aufeinanderfolgenden Tagen wurde gebetet und gesalbt, mußte für den Ablaß teuer bezahlt werden. Hier konnte es passieren, daß allein die Tortur den Kranken das Leben kostete und daneben noch Haus und Hof die Erben.
Bemerkenswert ist, daß bei all den langen Orationen und Hymnen und Salbungen ein Element des Sakramentes völlig fehlte: die Verkündigung des Wortes Gottes. Darauf legte man offenbar keinen Wert!
Sollte der vermeintlich Sterbende trotz allem wieder

genesen, dann hatte diese „Krankensalbung“ für ihn Folgen: Auf seine weitere Lebenszeit hin durfte er kein Fleisch mehr essen, seine Hände nicht zum Eid erheben, er durfte keinen ehelichen Geschlechtsverkehr mehr ausüben (weil seine Lenden gesalbt worden waren), weil seine Füße gesalbt worden waren, durfte er nie mehr tanzen oder barfuß gehen. Das alles hatte massive Konsequenzen. Allein die Tatsache, immer Schuhe zu brauchen, war für bestimmte Schichten undurchführbar, für bestimmte Berufe ebenfalls. Wer überlebte, galt als vom Tode zurückgekehrt und hatte keine Möglichkeit mehr, noch einmal gesalbt zu werden. Was eher befreiend gewesen sein dürfte.

Allerdings war ihm damit auch versagt, noch einmal alle Sünden vergeben zu bekommen, was die seelische Not der tatsächlichen Sterbestunde massiv mit Angst besetzt haben kann.

Sollte dem vermeintlich Sterbenden das Büßergewand während der ganzen Tortur angelegt worden sein, so konnte es im Falle des Überlebens durchaus passieren, daß er nach seiner Genesung gezwungen war, in ein Kloster einzutreten.

Diese ganze Praxis brachte es zwangsläufig mit sich, daß das Sakrament zur reinen Geldfrage wurde, es zunehmend armen Leuten verweigert und Reichen aufgedrängt wurde.

Für *Thomas von Aquin* († 1274) war die entscheidende Wirkung der Krankensalbung, die von der Sünde ausgelöste Schwäche des Menschen zu beseitigen und ihn damit für das „Leben in Glorie“ zu stärken. Thomas bestand auf Todesnähe für die Krankensalbung. Für ihn ist *Name und Praxis der Letzten Ölung* älteste, über jeden Zweifel erhabene Tradition der Kirche!

Konsequent ist hier seine Ablehnung, die Krankensalbung Kindern zu spenden, weil diese zur Sünde noch nicht fähig seien und den Kampf gegen die Sünde nicht führen könnten.
Hier zeigt sich, daß die drei Verheißungen des Jakobus längst keine Bedeutung mehr hatten. Der heilsame, heilende Charakter in dieser sakramentalen Gottesbegegnung war völlig ausradiert. Die absolute eschatologische Ausrichtung des Thomas hatte schwerwiegende Konsequenzen in der Krankenseelsorge. Wir begegnen ihnen heute noch. Das „Schreckgespenst" der „Letzten Ölung" ist immer noch lebendig!
Im *Konzil von Trient* (1551) wird die Verfälschung und der Mißbrauch der Krankensalbung zum Teil fixiert:

- Die „letze Ölung" des Thomas setzt die Salbung ans Lebensende und richtet sie eschatologisch aus.
- Buße und Salbung sind untrennbar gemacht.
- Wieder wird Mk 6,13 und Jak 5,14 zusammengeschlossen und mit Exorzismen verbunden.
- Die Wirkungen des Sakramentes werden – entgegen der Reihenfolge des Jakobus – auf den Kopf gestellt: Die Sündenvergebung und der Ablaß stehen an erster und hauptsächlicher Stelle. Die Seele des Kranken wird aufgerichtet, um ebenfalls nur besser und stärker gegen die Sünde kämpfen zu können, und ganz nebenbei wird der Kranke damit auch die Schmerzen und Leiden seines Körpers besser ertragen können. Manchmal, aber nur, wenn es dem Heil der Seele dient, kann er auch körperliche Heilung erfahren.
- Im dritten Kapitel sind die Bischöfe und die von ihnen geweihten Priester als Spender genannt. *Eine direkte Ausschließung der Laien findet sich nicht!*
- Vorsichtig formuliert das Konzil nun aber: „Es wird

außerdem erklärt, daß diese Salbung für Kranke bestimmt ist, *besonders* aber für solche, die so gefährlich darniederliegen, daß sie am Ende ihres Lebens zu sein scheinen, weshalb die Salbung auch *Sakrament der Sterbenden* genannt wird.

Diese Abschwächung und offensichtlich vorsichtige Formulierung erfolgte, weil sich die Konzilsväter wahrscheinlich bewußt wurden, wie groß der Widerspruch zum Jakobustext sonst tatsächlich wäre. Das Konzil räumt eine wiederholte Krankensalbung ein.

Die Lehraussagen beinhalten schließlich keine Aussagen über die Krankensalbung als „Sterbesakrament", und zum Grad der Erkrankung schweigen sie auch. Es wird nur mehr von „Kranken" gesprochen.

Damit ist auch keine dogmatische Festlegung auf ein „Sterbesakrament" hin passiert. Es wäre möglich gewesen, zur Praxis der alten Kirche zurückzukehren. Die Fehlentwicklungen der folgenden Jahrhunderte wurden aber bestätigt und nicht verworfen. Das hat den wesentlichen Schritt in der Lehre und in der Praxis massiv erschwert.

Die Folgen zeigen sich schnell. Theologen und Kanonisten lehren, daß die Krankensalbung nur dann gültig und erlaubt sei, wenn Todesgefahr bestehe.

Im Rituale zur Krankensalbung wird seit dem 13. Jahrhundert in keinem einzigen Text auf die persönliche Situation des Kranken Bezug genommen! Aber es wird z. B. darum gebetet, Gott möge die Bewohner des Hauses gesund halten.

Ich kann mir nur zu gut vorstellen, daß dies für den Kranken wie nackter Zynismus wirken konnte. Erst unmittelbar vor dem Tod, sozusagen in letzter Minute, wurde darum gebetet, daß der Kranke sein Sterben gut bewältigen möge. Welch ein Hohn zu diesem Zeitpunkt!

Erst nach dem 2. Vatikanum begann eine wirkliche Reformarbeit an der Praxis der Krankensalbung in der römischen Kirche. Die gemeinsame ökumenische Arbeit der letzten zwei Jahrzehnte in allen christlichen Kirchen hat der Krankensalbung einen neuen Stellenwert eingeräumt, bzw. wurde er wiederbelebt. Diese notwendige Entwicklung geht in allen Kirchen Hand in Hand mit einer Krankenseelsorge, die langsam aufhört, Lebenskrisen zu verdrängen, und sich der Not der Menschen mutiger stellt.
Noch steckt sie in den Kinderschuhen und versucht, ihr Gleichgewicht zu finden. Die Spuren einer derart schlimmen Geschichte sind immer noch da und werden meiner Meinung nach auch unverständlicherweise immer noch zuwenig aufgedeckt, angeschaut, verarbeitet und endgültig abgelegt unter „Irrtum", „Mißbrauch", „Perversion" und „Angst". Sicher auch unter „Hilflosigkeit", „Gutgläubigkeit", „Aberglauben" und „Blinder Gehorsam". Einiges müßte allerdings in die Schubladen „Feigheit", „Unmenschlichkeit", „Grausamkeit" und „Häresie". Ich weiß, so geballt, erscheinen diese Begriffe mehr als hart. Aber mich hat diese Entwicklungsgeschichte sosehr betroffen gemacht! Sicher, weil ich sie als kranker Mensch angeschaut habe und mir aus dieser Perspektive das nackte Grausen kam.
Diese Blitze, die hier so verheerenden Schaden anrichteten und oft jahrhundertelang verbrannte Erde zurückließen, waren aber nicht das ganze Wetter. Mitten in diesem Unwetter entwickelte sich auch Krankenpflege

und tatsächliche Seelsorge. Das war kein Verdienst der Lehrvertreter, sondern eine Entwicklung der Menschlichkeit!
Ich frage mich nur, wo die Gefühle jener Menschen waren, die diese Theologie geschrieben haben? Was haben sie empfunden? Haben sie überhaupt einen kranken Menschen angeschaut? Wie viele Angst- und Verdrängungsmechanismen führten da im Hintergrund Regie? Ich weiß es nicht! Ich weiß nur, daß wir heute noch bei weitem nicht alle Trümmer aufgeräumt haben! Selbst die Konzilstexte des 2. Vatikanums zeugen von mehr Angst als Mut. Angst, mit diesen grausigen Traditionen endlich zu brechen, Irrtum und Schuld einzugestehen. Mut, zum Jakobusbrief zurückzukehren und wirklich neue Geschichte zu schreiben. Das wünschte ich der römischen Kirche von Herzen! Es muß und wird wohl die Arbeit eines christlich-ökumenischen Konzils werden müssen – irgendwann einmal …
Als im 15. Jahrhundert der byzantinische Erzbischof *Symeon von Thessaloniki* der lateinischen Kirche vorwarf, sie hätte die Lehre des Sakramentes der Krankensalbung verfälscht, weil sie seine Spendung an Kranke nicht zuläßt, sondern nur an Sterbende, und als ein Jahrhundert später, am 20. Oktober 1520, *Martin Luther* mit Berufung auf Jak 5,14 f. mit aller Deutlichkeit gegen die Umdeutung des Krankensakramentes in ein Sterbesakrament Stellung bezieht, war die Antwort das Konzil von Trient. Während Thomas von Aquin und die Scholastik ihr seltsam spekulatives Gedankengebäude auf einer völlig falschen Praxis aufbauten, gebührt Martin Luther die Anerkennung, die falsche Praxis als solche erkannt zu haben!
Die Antwort war ein Konzil und nicht eine Berichtigung!

Die heutige Diskussion, zumindest den DiakonInnen die Krankensalbung in die Hand zu geben, wird mühsam und viel zu halbherzig geführt. Weder theologisch noch dogmatisch steht dem Entschluß etwas entgegen. Dieser Schritt wäre biblisch und auch historisch begründbar und menschlich drängend not-wendig!
Die Not schreit laut. So laut, daß es längst allen KrankenseelsorgerInnen „erlaubt“ sein müßte, dieses Sakrament mit den Kranken und Alten zu feiern! *Die Not schreit so laut, daß den KrankenseelsorgerInnen und DiakonInnen längst klar sein muß, daß es für dieses Sakrament*

nur eine ethische Verpflichtung und niemals eine Kirchenrechtsbestimmung zur „Spendung" geben kann!
Dieses *katholische* Sakrament fordert eine ökumenische Antwort. Nicht „irgendwann", sondern sofort! Nicht ängstlich-vorsichtig, sondern mutig-weitblickend!

Ich danke meinem Bischof, der mir bei der Weihe zur Diakonin den Auftrag zur Krankensalbung erteilt hat! Es tut der Seele einfach gut, wenn die Ethik zu ihrem Recht kommt. Weil ich ganz persönlich diese inneren Zerreißproben und Kämpfe jahrelang erlebt habe und die Not-wendigkeit erfahren durfte, kann und darf ich nicht schweigen!
Ich habe bewußt immer wieder das Wort „spenden" unter Anführungszeichen gesetzt. Hören wir auf, vom „Spenden" eines Sakramentes zu reden! „Spende" braucht Bittsteller, hat etwas mit „Almosen", auch etwas von Scham und Ungleichstellung, sozialem Schmerz... Sakrament ist immer gemeinsames Feiern von Leben und Lebendigkeit mit dem, der Leben schenkt und ist. Wir Geistlichen sind nicht die „Verwalter" der Sakramente, denn es kann niemals um das „Verwalten" von Sakramenten gehen! Es geht um ein Erfüllen, damit das Leben in Fülle begreifbar werden kann, muß. In unseren Händen liegt es, ein Geschenk weiterzugeben, das Gottes Dasein inmitten der Welt glaubwürdig bezeugt. Wirklich fühl- und erlebbar bezeugt. Dieses Schenken braucht die persönliche und personale Begegnung zwischen Gott und Mensch, Mensch und Gott und zwischenmenschlich. Dieses Schenken bedingt Ansehen und Miteinander-Umgehen.
Es geht um Gottes Hingabe und Liebe zu uns Menschen.

In dem „Willkommen“ der Taufe,
in dem „Ich bin da“ der Eucharistie,
in dem „Gehe in Frieden“ der Buße,
in dem „Liebt einander, wie Ich euch“ der Ehe,
in dem „Geht hinaus“ der Firmung,
in dem „Komm mit“ der Priesterweihe
und in dem „Was willst du?“ der Krankensalbung
spiegelt sich lebendiges Gotteszeugnis, eingebettet in die Fülle von geliebtem und bewahrtem Leben.

Die Pausengespräche

An diesem verregneten Wochenende sind wir ein bunt zusammengewürfelter, echt ökumenischer Haufen. Ein Thema hat uns acht zusammengeführt: die Krankenseelsorge.
Schon „schwanger" mit der Idee, dieses Buch zu schreiben, nutze ich eine längere Mittagspause, um unser Gespräch auf die Praxis der Krankensalbung zu bringen.
Mary erzählt uns, daß in der anglikanischen Kirche seit den fünfziger Jahren viel zur Erneuerung der Krankensalbung passiert ist. Mit großem Interesse sei die Entwicklung in der römischen Kirche nach dem Konzil verfolgt worden, und der zunehmende ökumenische Dialog habe sehr geholfen, die Tradition der Alten Kirche wieder aufzunehmen.
„Wichtig war uns, die Krankensalbung aus der ganz privaten Sphäre auch in den Gemeindegottesdienst hineinzuholen und so nicht nur mit der Krankenkommunion, sondern mit der Eucharistiefeier zu verbinden", erzählt Mary. Sie ist wohl an die siebzig Jahre alt und hat diese ganze Entwicklung miterlebt.
„Handauflegung und Salbung sind wichtig. Auch Diakone und beauftragte Laien spenden das Sakrament", kommt sie meiner Frage zuvor.
„Wer segnet das Öl?" frage ich.
„Der Bischof oder der Priester", antwortet Mary kurz und bündig.
Max ist Pfarrer der evangelisch-lutherischen Kirche und berichtet uns, daß nach dem 2. Weltkrieg die Evangelische Michaelsbruderschaft in ihrer Agende einen Anhang „Vorschlag für eine Ordnung der Krankensalbung" herausgegeben hat. Es wird darin bedauert, daß

die Krankensalbung in der evangelischen Kirche nicht praktiziert wird. Die Bezeichnung „Letzte Ölung" wird betont als falsch oder irreführend abgelehnt. Ernsthaft Kranke sollen gesalbt werden mit reinem Olivenöl und beigesetzten Aromastoffen, das besonders aufbewahrt wird.

„Und wie schaut es in der Kirche heute aus?" fragt Elisa, eine junge römisch-katholische Theologin.

„Bei uns war und ist vor allem die Abendmahlsfeier im Kreise der Familie am Krankenbett und die Krankensegnung wichtig. Ich glaube, die Michaelsbruderschaft und die Ökumene haben vieles in Gang gebracht. Mir persönlich ist die Handauflegung sehr wichtig", sinniert Max.

Mary nickt: „Ja, da hat soviel Zärtlichkeit Platz, und Zuwendung und Tröstung. Das gibt uns beiden Kraft, dem Patienten und mir!"

„Und Segen", ergänzt Max.

Dann erzählt er weiter: „In den Erläuterungen zur Krankensalbung gibt es drei Abschnitte. Einmal bei einem Kranken, dann bei einem Sterbenden und bei einem Gottesdienst mit Krankensalbung. Wir haben die Möglichkeit, die Salbung dann einzusetzen, wenn es der Kranke will und sie nicht als ‚letzte Ölung' oder anders mißverstanden wird. Das ist eine deutliche Einladung, sich selbst klarzuwerden, warum man salbt, und es dem Kranken unmißverständlich zu erklären. Wir sagen nicht ‚Ich salbe dich …', sondern ‚Du wirst gesegnet und gesalbt mit Öl …'. Beim Kranken wird um Heilung und Aufrichtung gebetet, beim Sterbenden um Erbarmen und Aufnahme ins Ewige Reich."

Hier müssen wir unser Gespräch unterbrechen. Als wir am Abend wieder zusammensitzen, werden zuerst die letzten Seminareindrücke noch recht angeregt reflektiert. Schließlich gehen einige von uns schlafen. Mary, Elisa, Eduard, ein römisch-katholischer Diakon, und ich bleiben noch in der Bar.

„Wenn der Notfall eintritt, dann spende ich die Krankensalbung. Da frag' ich nicht lange!" sagt Eduard und kehrt damit zu unserem Pausengespräch zurück.

„Und wann tritt ein Notfall ein?" frage ich.

„Na, wenn ein Patient im Sterben liegt!" Eduard schaut mich verwundert an. Das sollte ich nun doch wirklich wissen, sagt sein Blick.

„Was geschieht dann?" frage ich weiter und schaue alle an.

Fragende Blicke.

„Wenn Eduard *nur* im Notfall salbt und dieser Notfall *nur* eintritt, wenn der Patient im Sterben liegt?"

„Letzte Ölung!" sagt Elisa.

Eduard will gerade protestieren, mein nachdenkliches Nicken läßt ihn aber nur schweigend den Kopf schütteln.

„Ich weiß, du meinst das Krankensakrament, du praktizierst aber ausschließlich weiterhin das Sterbesakrament. Damit wird die ‚letzte Ölung' weiterhin praktiziert und nicht die Krankensalbung. So schaffen wir kein Bewußtsein, mit diesem Sakrament endlich anders umzugehen!"

„Aber ich kann es doch nur rechtfertigen – für mich – wenn es knapp wird!" verteidigt sich Eduard sofort.

„Ich verstehe dich gut!" beruhige ich ihn.

„Das ist ja der Hammer! Indem du kirchenrechtlich unerlaubt, menschlich aber völlig richtig handelst,

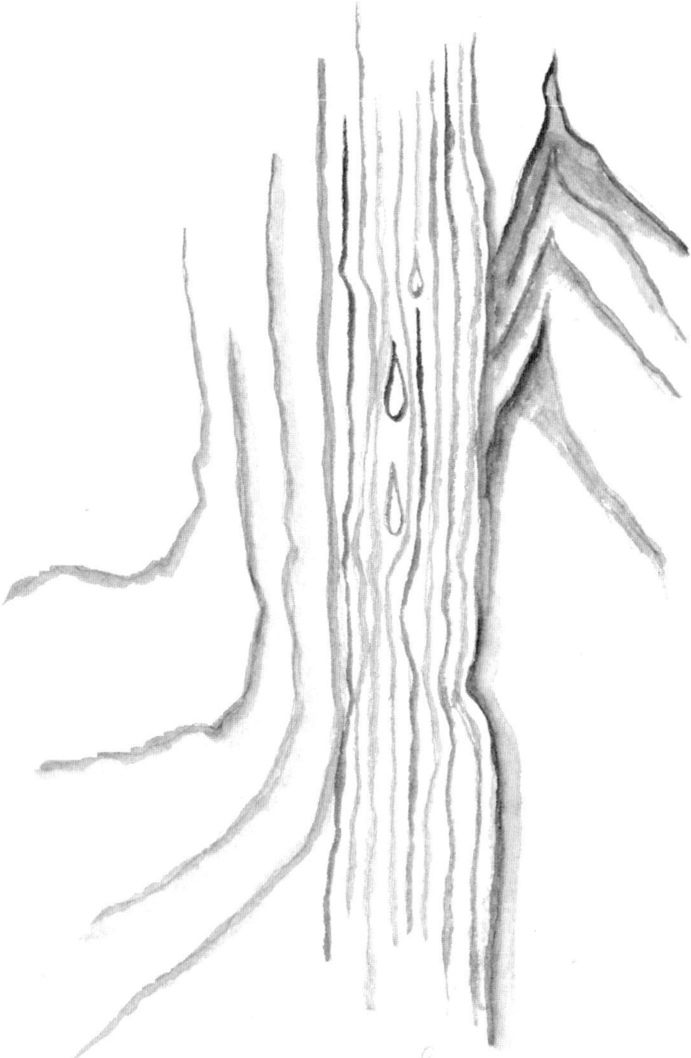

bleibt für dich selbst diese Sperre der Rechtfertigung. Der Notfall ist nicht die Sterbestunde. *Der Notfall beginnt viel früher.* Wenn ich erfahre, daß ich Krebs habe, falle ich mitten in diese Not. Wenn klar wird, daß die langsam zunehmende Vergeßlichkeit Alzheimer ist, falle ich in diese Not. Wenn Eltern am Bett ihres sterbenden Kindes sitzen, fallen sie in diese tiefe Not. Wenn der Ehemann nach fünfzig Jahren Ehe am Bett seiner bewußtlosen Frau mit ihr sterben will, fällt er in diese Not. Wenn zwei Menschen gerade erfahren haben, daß ihr Kind schwerst behindert sein wird, fallen sie in tiefe Not. Wenn der HIV-Test positiv war, fällt ein Mensch in verzweifelte Not. Da beginnt der Notfall! *Da brauchen wir Krankensalbung!* Da braucht es Kraft und Aufrichtung und Gottesbegegnung, Zuwendung, Streicheleinheit, Nähe. Da bin ich in der Begleitung oft trost- und sprachlos. Da tut es allen gut, an etwas festzuhalten, mit einem Ritual eine Brücke zu bauen über den Abgrund. Wenigstens damit anzufangen! Da muß und kann ich meine Ohnmacht ehrlich zulassen. Ich lege sie deutlich in Gottes Hand. Für alle verständlich. Ich zeige es ihnen. Als erstes Zeichen. Eine Spur Mut inmitten der Angst. Eine Spur Wärme inmitten der Eisesstarre. Eine Spur von Gott mitten in der Wüste."
Ich spüre, wie es mit mir durchgeht. Plötzlich wird mir selbst vieles klar.
Die Argumentation für die Erlaubnis zur Krankensalbung an DiakonInnen und LaienseelsorgerInnen darf nicht oder nur am Rande am Notfall „Sterben" festgemacht werden! Denn wenn es nur explizit dafür zur Freigabe kommt, sind erst einmal alle fordernden Stimmen befriedigt, aber die Krankensalbung wird neuerlich und diesmal mit Nachdruck zur „Letzten Ölung". Dann sind wir viel-

leicht weiter vom Jakobusbrief weg, als wir das je gedacht hätten. Wie viele Jahrhunderte sollten dann vergehen? Oder gerät die Krankensalbung einfach so ins Out, daß sie als heilsames Sakrament der Altkirchlichen Tradition total verschwindet? Nein, darüber wollte ich eigentlich nicht philosophieren. Dahin darf es nicht kommen! Mary mag meine Gedanken verstehen. Plötzlich sagt sie in die lange Nachdenkpause hinein:
„Wir müssen die Not deutlich aufzeigen. Auch uns wird das oft erst im nachhinein bewußt. Krankheit, Leid und Kummer sind Spitalsalltag. Den Notfall sehen wir ja in all dem auch erst, wenn der Tod ins Spiel kommt!"
Elisa nickt aufgeregt: „Die Gespräche über Krankensalbung müssen zu den Gesunden; Schulen, Pfarr-Runden, Bibelgespräche, Diskussionsgruppen etc. Die Angst muß viel früher zur Sprache kommen!"
Jetzt wird Eduard wieder lebendig: „Das heißt Tabus brechen. Darüber reden die Leute nicht gern."
„Wenn wir aber wollen, daß sich etwas verändert, müssen wir mit Betroffenen sprechen. Es betrifft uns alle!" sage ich langsam. Wie gut kenne ich das aus meiner Vortragsarbeit!
„Krebs, Sterben und Trauer – Tabubrechen ist mein tägliches Brot. Also jetzt auch ganz betont die Not-fallseelsorge und Krankensalbung nicht erst, wenn es in den Vortragsdiskussionen zur Sprache gebracht wird …", denke ich laut nach und danke tief im Herzen für die Lebens- und Leidenserfahrungen, durch die ich die letzten Jahre geführt worden bin. Es ist weit nach Mitternacht, als wir endlich zu Bett gehen.
Jakobus, wir kommen! denke ich im Einschlafen und muß dabei an ein ganz anderes Erlebnis zurückdenken, einen sogenannten „Zwischenfall" …

Der Zwischenfall

Ich war das erste Mal auf einer Intensivstation für Frühgeborene und besuchte dort einige befreundete Krankenschwestern. Durch die Sichtscheiben ließ ich meinen Blick von einem Zimmer in die anderen schweifen. Zwischen all diesen winzigen Menschlein fiel ein normal großes Neugeborenes im Nebenzimmer auf wie ein Riese im Zwergenreich. Das Kind war normal entwickelt und lag wie schlafend auf seinem Bettchen. Daneben aber saßen zwei weinende Menschen in grünen Spitalskitteln, die hilflos versuchten, einander zu trösten.
Diese Eltern hatten sich viele Jahre sehnsüchtig ein Kind gewünscht, und endlich war es soweit. Eine glückliche Schwangerschaft, ein freudiges Erwarten. Durch einen Zwischenfall bei der Geburt wurde das Gehirn des Kindes so schwer geschädigt, daß es nicht überleben konnte. Dieses friedlich schlafende, junge Leben rang mit dem Tod.
„Unser Spitalspfarrer kommt gleich zur Taufe", sagte mir eine der Schwestern.
Vom Nebenzimmer aus sah ich, wie die Eltern sich ans Fußende des Bettchens stellten, auf eine Handbewegung des Geistlichen hin, und er das Kind taufte. Die Mutter bebte im Weinen, sank immer wieder in die Knie, der Vater hielt sie an den Schultern fest und schaute immer wieder hilfesuchend um sich, wußte nicht, wo er sich anhalten sollte. Nach wenigen Minuten war der Priester fertig, gab beiden Eltern noch die Hand und ging. Beide ließen sich auf die Sessel fallen und legten kraftlos die Hände in den Schoß.
Eine andere Mutter kam in das Zimmer. Sie wollte ihr

winziges Kind im Inkubator daneben besuchen. Sie sah diesen unbeschreiblichen Schmerz und setzte sich zu den beiden, streichelte und umarmte, redete und weinte auch.
Vierzehn Tage später konnten die beiden endlich Abschied nehmen und ließen ihr Kind los. Jetzt konnte Seppi gehen ...
Diese Bilder hatten mich tief erschüttert. In meiner Gedankenwelt war ein Erdbeben passiert. Es war ja nicht das erste Mal, daß ich die Not der Zurückbleibenden an einem Sterbebett erlebt hatte. Aber vielleicht brannte sich dieses Erlebnis deshalb sosehr ein, weil ich das erste Mal tatsächlich Zuschauer war, nicht aktiv in diesem Geschehen mit drinnen stand.
Wie in Zeitlupe ließ ich wieder und wieder die Bilder vor mir ablaufen, stoppte, ging zurück und übersprang nach vorne. Es fehlte diesem Miterleben auch jedes Wort. Das machte die Bilder noch intensiver. Die Taufe den Eltern in die Hand geben. Nicht durch-stehen lassen, was nicht durchgestanden werden kann.
Ich sah vor mir die Mutter, die ihr Kind im Arm hielt, und den Vater, der es salbte, und den Priester, der betete, das Wasser goß und es die Eltern gießen ließ. Ich sah vor mir, wie der Priester die Eltern salbte, um Kraft, Aufrichtung und Heilung ihres Schmerzes betete. Wie er ihnen in die leeren Hände die Kommunion legte und ihnen sagte, daß sie nicht allein sind in ihrem Kummer und ihrer unbeschreiblichen Not ...
„Das geht nicht! Entweder Nottaufe ohne Öl, oder der Priester salbt, weil das Katechumenenöl ...“, holte mich ein „Gelehrter“ aus meinen Traumbildern. „Und Krankensalbung hat hier überhaupt nichts zu suchen!“ warf er noch nach, setzte an, mir zu erklären, was mein „ket-

zerischer" Geist da für „Irrwege" einzuschlagen drohte. Ich unterbrach ihn – zugegeben: zornig!
Mit *heiligem* Zorn war mir bei seinem Angriff plötzlich klargeworden: *Wir sind keine Ölsorger, sondern Seelsorger!*

Mein Traumbild war keine Seifenblase, die mit einem Nadelstich einfach zerplatzte. Es war noch nie leicht, ein *Prophet* zu sein. Und – wie üblich – ist es eben noch schwieriger, eine Prophet*in* zu sein. Das wußte ich. Ich machte mich auf in die Wüste. Mit zwei leeren Händen voll Gottvertrauen ...

Meine Wegstrecken

Karlas Schicksal hatte mich aufgeweckt und mir meine Verantwortung deutlich vor Augen geführt. Das erste Mal nahm ich ohne Scheu die Scheuklappen und klappte sie auf. Jetzt erst merkte ich, daß diese „Dinger“ nicht ein Teil von mir waren. Irgendwann hatte ich sie aufgesetzt oder verpaßt bekommen, und seither glaubte ich, meine Augen könnten nicht weiter blicken. Jetzt sah ich auch die Bretterverschläge vor dem Fenster. Aber es waren keine Mauern, nur vernagelte Bretter, morsch und gar nicht schwer zu lösen. Brett um Brett öffnete sich ein riesiges Fenster:
Zuerst spürte ich die Not und das Unrecht und hoffte, mit dem Aufzeigen und Diskutieren etwas verändern zu können. Nicken und Achselzucken waren Ausdruck dieser scheinbaren Ohnmacht und Hilflosigkeit. Karla und der Krankenseelsorger von damals halfen mir zum ersten tatsächlichen Schritt. Ich war nicht hilflos und mußte auch nicht mehr untätig zuschauen. Gewissensnot heilt nicht durch Unverantwortlichkeit („Da kann ich nichts machen!“), sondern durch gewissenhafte Verantwortung! *Der Schritt hieß, für das Sakrament der Krankensalbung einzutreten. Er hieß nicht, gegen Kirchenrechte zu kämpfen.*

Ich argumentierte vom „Notfall“ her. So wie Eduard glaubte ich, daß ethisches Empfinden und Handeln gerechtfertigt werden müßte. Vielleicht spekulierte ich auch etwas damit, daß wohl niemand im „Notfall“ widersprechen würde. Wer wollte schon verbieten, am Sterbebett ein Sakrament zu feiern? Zu meiner Verwunderung passierte sogar das! Jetzt wurde klarer, wie tief hier Ängste und Verstecken hinter nicht in Frage gestellten Regeln regierten. Ich selbst spürte sie deutlich. Erst langsam kam die Frage auf, ob ich Ehrfurcht vor und in einem sakramentalen Handeln hatte oder mehr Furcht vor einem (meist nur imaginären) Paragraphen-Zeigefinger? Mein ach so rebellischer Geist war eigentlich nicht wirklich rebellisch. Da hatte sich im Lauf der Zeit (un)heimlich viel Zensur und Engstirnigkeit eingeschlichen! Die Scheuklappen hatten Auswirkungen gehabt!

Nicht der vermeintliche „Notfall" trug meine ethische Verantwortung, sondern ich selbst mußte sie endlich übernehmen! Das war gar nicht so leicht. Und wohl genau deshalb bekam ich für diesen Schritt eindeutig Hilfe:

Als mir bei meiner Weihe zur Diakonin der Bischof neben anderen Aufgaben auch diese Verantwortung begreifbar in die Hände legte, spürte ich sein Vertrauen in mich und unser beider Vertrauen in Gottes Führung deutlicher als alles andere! *Plötzlich war mir klar, daß das Sakrament der Krankensalbung kein Sakrament des Notfalls war, sondern ein Sakrament der Notwendigkeit!*

Jetzt war die Spurensuche nach dem Wurzelgrund notwendig. Ich mußte und wollte verstehen lernen. Meinen Ängsten und Hemmnissen durch all die Zeit mußte ich Namen geben, sie wirklich anschauen, entdecken und bloßstellen. Ein schmerzlicher und auch beschämender Weg durch eine Geschichte, die ein Teil von mir ist und die ich nicht wirklich kennenlernen wollte. „*Wenn du das Gestern nicht kennst, kannst du das Heute nicht verändern, und morgen wird das gleiche wie gestern passieren!*" habe ich irgendwann irgendwo einmal gelesen. Ein Satz gegen Verdrängung und für Bewußtsein und Aufarbeitung von Menschheitsgeschichte. Ein Satz, der mich auf dieser Wegstrecke geführt und motiviert hat durchzuhalten.

An jenem Abend mit Eduard, Elisa und Mary konnte ich das erste Mal Sprache finden und mitteilen, wo mein eigener Denkfehler in der Argumentation um die Krankensalbung lag. Am Abgrund helfen keine kleinen Schritte. Da ist ein Sprung notwendig. Der kleine Schritt, im „Ausnahmefall" das Sakrament an DiakonInnen und LaienseelsorgerInnen freizugeben, läßt nur den Absturz geschehen. Wer weiß, ob da irgend etwas oder irgend jemand überlebt? Auf keinen Fall unbeschadet!
Es geht nicht um ein bißchen Freiraum. *Es geht um ein ganzes Sakrament!* Ein Sakrament, das den Ursinn unseres christlichen Glaubens bezeugt, das den Urgrund unser aller Katholizität zum Ausdruck bringt und damit die Zärtlichkeit des heilsamen, heilenden und heiligen Gottes mitten in Schmerz, Not und Verzweiflung trägt. Bedenkenswert – im wahrsten Sinne des Wortes – erscheint mir noch aus einem rein zwischenmenschlichen Aspekt die Verweigerung an Nichtpriester zu sein: Es wird allen Ernstes DiakonInnen und LaienseelsorgerInnen, die am Krankenbett, in der Pastoralarbeit tätig und auch ausgebildet sind, der *Mißbrauch* des heiligen Öls unterstellt! Zwar vertraut man ihnen das „Allerheiligste" mit der Krankenkommunion an, *mißtraut* ihnen aber gleichzeitig, die Notwendigkeit der Krankensalbung aus Arbeits- und Menschenkenntnis richtig und vor allem verantwortet einzusetzen. Man(n) unterstellt damit auch, daß diese Frauen und Männer nicht in der Lage seien, ein klärendes Gespräch zu

führen, um mit dem Kranken, seiner Familie und seinen Freunden dieses Sakrament wirklich feiern zu können! Es wundert mich heute selbst, warum ich dagegen nicht aufgestanden bin und sich auch sonst niemand massiv wehrt. Welche zwiespältige und mehr als fragwürdige Haltung steht hinter einem solchen Verhalten? Wenn es nicht Ignoranz und Gedankenlosigkeit ist, ist es nackter Zynismus!
Ich habe gesagt, daß wir keine Ölsorger, sondern Seelsorger sind! Die *mißtrauische* Sorge um das Salböl steht über der Sorge um die Menschen, die in einer Krisensituation ihres Lebens stehen. Gerade in solchen Krisen von Leid, Kummer, Schmerz, Sinnverlust und Trauer sind Zeichen wichtig, weil „nur" Worte oft nicht wirklich an die Seele gelangen können.
Glaubenskrisen brechen in solchen Situationen herein, stürzen den Menschen oft in ein Gefühl von Gottverlassenheit. Dann sollte ich doch nicht nur meine Streicheleinheiten einsetzen, sondern ganz bewußt auch und vor allem Gottes Zärtlichkeit hereinholen!
Das heilige Öl braucht kein Konservierungsmittel, sondern Hände, die damit salben, damit mitten im Unheil Heil passiert. Nicht durch Magie! Durch das Geheimnis sakramentalen Handelns mit und aus erfahrbarer Gottesbeziehung heraus.
Jetzt wage *ich* es, allen „Ölsorgern" zu sagen: *Versündigt euch nicht!*

Die Er-Lösung

Auf meinem Weg mit dem Sakrament der Krankensalbung machte ich auch Rast. Ich kehrte ein, um mich auszuruhen, zu stärken und meinen Rucksack zu kontrollieren, den Inhalt zu prüfen. Was brauchte ich noch, was war unnötig geworden, was mußte ich zum Weitergehen einpacken? Ich nahm mir Zeit, Karte und Wetter zu studieren, und wartete, bis Nebel sich lichteten, der Himmel aufklarte. Von zwei solchen „Rastplätzen" möchte ich auch hier erzählen. Sie wurden mir neben dem Jakobusbrief zu wichtigen „Basislagern".

Das eine Basislager liegt in Mk 14, 3-9:

Und als Er in Bethanien war,
im Hause Simons des Aussätzigen,
kam, während Er zu Tische lag,
eine Frau
mit einem Alabastergefäß voll
Salböls aus echter, kostbarer Narde,
sie brach das Gefäß auf
und goß das Öl über Sein Haupt.
Aber einige sagten unwillig zueinander:
„Wozu diese Verschwendung
des Salböls?
Man hätte es besser für mehr
als dreihundert Denare verkaufen
und davon den Armen geben können!"
Und sie schalten die Frau.
Jesus aber sprach:
„Laßt sie!
Warum kränkt ihr sie?
Sie hat Gutes an Mir getan!

Denn Arme habt ihr allezeit bei euch
und könnt ihnen Gutes tun,
sooft ihr nur wollt.
Mich aber habt ihr nicht allezeit.
Was sie konnte,
hat sie getan!
Sie hat schon jetzt Meinen Leib
zum Begräbnis gesalbt.
Ich sage euch, und das ist wahr:
Wo immer auf der ganzen Welt
die Heilsbotschaft
verkündet wird,
da wird auch zu
ihrem Gedächtnis erzählt werden,
was sie getan hat!"

Jesus war in Bethanien. Im Haus eines Freundes. Simon. Simon war sicher nicht „der Aussätzige". Denn als Aussätziger könnte er kein Haus haben, nicht innerhalb des Dorfes wohnen. Wenn er jemals den Aussatz gehabt hätte, dürfte dieser Makel niemals als Beinamen genannt werden. Das ließe das rabbinische Gesetz nicht zu! Ein kleiner Abschreibfehler genügte, um aus „Simon, dem Essener" einen „Aussätzigen" zu machen. Warum das bis heute so in der Einheitsübersetzung steht, weiß ich nicht, das mögen jene beantworten, die es längst korrigieren sollten!
Im Hause eines „keuschen" und unverheiratet lebenden Esseners, der sicher nicht zum radikalen Kern gehörte, war es doppelt bemerkenswert, was hier erzählt wird: Eine Frau, also nicht die Hausfrau (die es eben nicht gibt), kommt mit einem kostbaren Gefäß und kostbarem Öl. Sie spricht kein Wort. Sie gießt das Öl über Jesu

Kopf. Sie fragt nicht, ob sie es darf, sie bittet um nichts, sie gießt diese Kostbarkeit einfach über Ihn aus. Jetzt die Unruhe, die Aufregung. Wozu diese Verschwendung des Salböls? Eine Aufregung, die verständlich sein kann. Niemand braucht Ihn salben. Am Haupt. Er ist kein ernannter König, der gesalbt werden muß. Er ist ein König von Geburt, der keine Salbung braucht … Aber geht es überhaupt darum? Einen König könnte nur ein Mann salben. Hier steht eine Frau. Also geht es gar nicht um Königssalbung. Die Salbung der Gastfreundschaft? Dann wäre es einfaches Olivenöl. Dann müßte der Gastgeber … Um all das geht es in der Aufregung *nicht!*

Nein, es geht tatsächlich um Berechnung. Sie rechnen auf. Wohl über dreihundert Denare. Viel Geld. Sie sind nicht geizig, wenn's auch so scheint. Nein, sie meinen es doch gut, wollen doch nur den Armen helfen, wollen es nur da verschenken, wo es nötig ist. Eben für den „Notfall".

Sie beschimpfen die Frau, belehren sie, weisen sie zurecht. Mißbraucht einfach so kostbares Öl! Sie stört wohl auch das Gelage, unterbricht die diskutierende Männerrunde. Sie ist unbequem. Was tut sie hier? Was tut sie überhaupt hier? Was tut sie über Seinem Haupt hier?

Jetzt greift Jesus ein. Er stellt klar: „Laßt sie!" Hört auf, seid still. Was redet ihr da? Laßt sie!

Und dann stellt er die Männer zur Rede: „Warum kränkt ihr sie?" Er sagt ihnen, daß ihre Worte weh tun, daß solche Berechnungen die Seele treffen. Er spürt ihren Schmerz, versteht, fühlt mit der Frau. Sie haben einander berührt, sie und Er. Er spricht *ihre* Gefühle aus.

„Sie hat Gutes an Mir getan!“ Er spricht über Seine Empfindung. Sagt ihnen, was Ihm wohl tut und auch, was Ihn selbst kränkt. Rechnet doch nicht das eine für das andere auf! Den Armen zu helfen ist eines, Mir jetzt zu helfen, etwa anderes.
„Was sie konnte, hat sie getan!“
Was sie *konnte?* Sie gibt vielleicht ihr letztes Geld aus, diese Kostbarkeit zu kaufen, sie kommt nur mit Schwierigkeiten in dieses Haus, noch schwieriger bis an Sein Lager. Sie erfährt, wo Er ist, was Er tut, und ist nicht mehr zu halten. Sie muß zu Ihm und will nur eines: Ihm nahe kommen, Ihn berühren, Ihm Gutes tun. Das Beste tun. Einfach so und jetzt. Sie tut, was sie *kann*.

Oder ist es: „Was *sie* konnte?“ Die politische Luft ist überall angespannt. Jeder kann ahnen, daß dieser Jesus in Gefahr ist. Das ist längst kein Geheimnis mehr. Sie hat Angst um Ihn. Sie befürchtet, was viele befürchten. Sie setzt ein Zeichen. Er ist so voll Liebe, und ich liebe Ihn. Jedes Wort ist zuwenig, es zu sagen, jeder Satz zuviel, die Zärtlichkeit in ihrer Stille zu erschrecken. Sie ist eine Frau. Niemand würde ihre Salbung als Königssalbung mißverstehen. Genau dieses Mißverständnis wäre politischer Zündstoff. Sie allein, *die Frau,* kann ein religiöses Zeichen setzen und nicht ein politisches Desaster auslösen. Sie allein, *die Frau,* setzt ein Zeichen des Glaubens. Sie glaubt an die Kraft der Liebe. Sie versteht Seine Botschaft.
Jesus bestätigt es selbst. Er sagt den anderen, daß diese kluge, zärtliche Frau alles verstanden hat: Sie sieht kommen, was kommen muß und sich längst zuspitzt. Sie sieht Ihn und Seine Botschaft, und sie glaubt Ihm und Seinen Worten und Taten. Er geht noch einen Schritt

weiter. Er schickt sie jetzt nicht fort, spricht auch nicht von ihrem tiefen Glauben. Er sagt, daß sie im Gedächtnis der Menschen, ja der Welt bleiben wird. Wie nahe ist hier das Wort vom Abendmahl: *„Tut dies zu Meinem Gedächtnis!"* Dort hat Er einen Auftrag erteilt. Hier ist etwas geschehen, das keinen Auftrag gebraucht hat. Im Gedächtnis wird bleiben, was diese Frau an Ihm getan hat. Und es bleibt im Gedächtnis, wenn es immer wieder geschieht. Angesprochen und berührt von dieser Liebe, tut sie, was *sie* kann.
Auch hier liegen „Ölsorger" mit zu Tisch. Das kostbare Salböl muß teuer verkauft werden. Dann kann man Gutes damit tun. An den „Notfällen".
Die Zurechtweisung ist eindeutig!
Ich nehme das heilige Salböl in meine Hände und habe dazu nur eines zu sagen:
Laßt mich! Hört auf, mich zu kränken und in meinem Glauben an die Heilswirkung Gottes herumzurechnen! Ich denke an diese namenlose Frau, die mir stille Lehrerin ist!

Das andere Basislager hat mir Lukas in 7,36-60 aufgeschlagen:

Es bat Ihn aber ein Pharisäer,
bei ihm zu essen.
Er ging also in das Haus
des Pharisäers
und legte sich zu Tisch.
Da erfuhr eine Frau,
die in der Stadt eine Sünderin,
eine Dirne, war,
daß Er in dem Haus
des Pharisäers
zu Tische liege.

Sie brachte ein Alabastergefäß
mit Salböl,
trat weinend von
rückwärts
an Seine Füße heran
und begann, mit ihren Tränen
Seine Füße zu benetzen,
und trocknete sie
mit den Haaren ihres Hauptes,
küßte Seine Füße
und salbte sie mit dem Salböl.
Als nun der Pharisäer,
der Ihn geladen hatte,
das sah, sagte er bei sich selbst:
„Wenn Er ein Prophet wäre,
so würde Er doch wissen,
wer und was das für eine Frau ist,
die Ihn berührt,
sie ist eine Dirne."
Und Jesus nahm das Wort
und sprach zu ihm:
„Simon, Ich habe dir etwas zu sagen."
Er erwiderte:
„Meister, sprich!"
„Ein Gläubiger hatte zwei Schuldner,
der eine schuldete ihm
fünfhundert Denare,
der andere fünfzig.
Da sie aber nicht bezahlen konnten,
schenkte er es beiden.
Welcher von beiden
wird ihn nun mehr lieben?"
Simon antwortete:

„Ich denke, der, welchem er
mehr geschenkt hat.“
Er aber sprach zu ihm:
„Du hast recht geurteilt.“
Dann wandte Er sich
der Frau zu
und sprach aber zu Simon:
„Siehst du diese Frau?
Ich kam in dein Haus.
Wasser für Meine Füße
hast du Mir nicht gegeben.
Diese Frau aber hat
mit ihren Tränen
Meine Füße benetzt und
mit ihren Haaren getrocknet.
Einen Kuß hast du Mir
nicht gegeben.
Diese Frau aber hat,
seitdem sie eingetreten ist,
nicht aufgehört,
Meine Füße zu küssen.
Mit Öl hast du Mein Haupt
nicht gesalbt.
Diese Frau aber hat
mit Salböl Meine Füße gesalbt.
Deshalb sage Ich dir:
Ihre vielen Sünden sind vergeben,
darum hat sie viel geliebt.
Wem aber wenig vergeben wird,
der liebt wenig.“
Zu der Frau aber sprach Er:
„Deine Sünden sind dir vergeben!“
Da begannen die,

welche mit Ihm zu Tische lagen,
bei sich zu sagen:
„Wer ist dieser,
der sogar Sünden vergibt?“
Er aber sprach zu der Frau:
„Dein Glaube hat dich gerettet.
Geh hin in Frieden!“

Warum schreibt Lukas nicht auch, wie alle anderen Evangelisten, von der Salbung des Hauptes durch eine Frau? Warum erzählt er eine ganz andere und doch so nahe Geschichte? Sicher gibt es hochtheologische Abhandlungen darüber. Ich sitze im „Basislager“ und horche einfach einmal hinein:
Wir vergessen immer wieder, daß das Lukasevangelium ein langer Brief ist. Und dieser Brief hat einen Adressaten!
Lukas beginnt so:

Da schon viele es unternommen haben,
einen Bericht über die Ereignisse abzufassen,
die sich in unserer Mitte zugetragen haben –
so wie uns jene überliefert haben,
die von Anfang an Augenzeugen und Diener
des Wortes gewesen sind –,
habe auch ich mich entschlossen,
der ich allem von Anfang an
sorgfältig nachgegangen bin,
es für dich, edler Theophilus,
der Reihe nach aufzuschreiben,
damit du die Zuverlässigkeit
der Lehren,
über die du unterwiesen worden bist,
erkennen kannst.

Dieser Theophilus kann eine hochgestellte Persönlichkeit sein, die gehört hat von der christlichen Botschaft und im Folgenden näher informiert werden soll. Dieser Theophilus kann aber auch ein Christ sein, da er ja in der Lehre „unterwiesen“ worden ist, und soll nun in seinem Glauben bestärkt werden, soll einfach alles erfahren, was Lukas weiß und selbst „recherchiert“ hat.
Ich möchte einmal in einen Theophilus hineinsteigen, der einer völlig neuen Denk- und Lebenswelt begegnet: Ein Gott, der Mensch unter Menschen wird, der sich Verfolgung, Folter und schmachvollem Tod ausliefert, der aufersteht und zum Vater geht, um wiederzukommen, gleichzeitig zusichert: „Ich bin bei euch alle Tage …“. Ein Gott der Liebe, ein Gott, der sich ohnmächtig machen läßt, der nicht mit Blitz und Donner herabsteigt. Theophilus fällt es sicher nicht leicht, Götterbilder loszuwerden, die er kennt.

Diese Geschichte im Hause eines (anderen?) Simon erzählt von Liebe und Verzeihen in ganz besonderer Weise:
Simon ist Pharisäer. Sicher auch keiner vom radikalen Kern. Ein solcher hätte Jesus nicht einladen können und wahrscheinlich aus Glaubensgründen auch nicht wollen.
Eine Frau, die „in der Stadt eine Sünderin“ ist, ist eine Prostituierte. Sie ist bekannt und als solche auch zu erkennen. An ihrer Kleidung, ihrem Auftreten, ihrem Schmuck, ihrem Ausdruck … was auch immer. Dazu braucht es keine „prophetische Gabe“. Es ist offensichtlich. Sie kommt ins Haus. Trotzdem. Sie wird nicht hinausgeworfen. Trotzdem – oder deshalb? Will Simon sie gewähren lassen, um Jesus bloßzustellen? Warum hat er

Ihn dann eingeladen? Viel eher will er die Frau bloßstellen. Sie soll sich nur „heranmachen“, Er würde sie schon wegstoßen …

Wie auch immer, diese Frau kommt bis an Jesus heran. Vorsichtig, von rückwärts kniet, setzt, legt … sie sich zu Seinen Füßen. Sie hat auch ein Alabastergefäß mit. In kostbarem Alabaster wird kostbares Öl aufbewahrt. Es ist nicht nur das Olivenöl der Gastfreundschaft. Gastfreundschaft, bei der dem Gast die Füße gewaschen und gesalbt werden zur Reinigung und Erfrischung. Gastfreundschaft, die durch einen Kuß bezeugt wird und durch einige Tropfen Olivenöl aufs Haupt.

In dem Alabastergefäß ist kostbares Salböl. Rituelles Öl für besondere Anlässe.

Die Frau zu Seinen Füßen weint. Wortlos. Ganz nahe ist sie Ihm. So nahe, daß sie Seine Füße mit Tränen wäscht. Sie nimmt nicht ein Stück ihres Kleides, kein Tuch. Sie nimmt ihr Haar, Seine Füße zu trocknen. Sie salbt mit den Händen, streichelt Seine Füße. Sie gibt sich ganz diesem Liebesdienst hin. Aber es ist kein kokettes Spiel der Dirne. Sie weint und schweigt. Sie gibt sich selbst in zärtlichster Weise, ernst und tief ergriffen. Sie ist berührt in ihrem Innersten und berührt Ihn zutiefst – im wahrsten Sinne des Wortes.

Sicher hat längst jedes Gespräch aufgehört, starren alle auf das, was hier geschieht. Und es geschieht nicht mit Hast und Heimlichkeit. Was erwarten sie nun alle?

Simon denkt. Er denkt berechnend. Jesus müßte doch wissen … Wie kann Er das nur zulassen?

Simon macht „gute Miene zu bösem Spiel“, wie er es sieht. Jesus spricht ihn an. Er fragt ihn, läßt ihn antworten und gibt ihm recht. Schülerlektion.

Und jetzt holt der Meister aus. Kein Vorwurf, keine

Schuldzuweisung. Einfach nur Feststellungen. Und ständig auch das Mehr in all dem, was geschehen ist. Jesus sagt kein Wort über die Sünden der Sünderin. Er spricht über ihre Liebe und zählt die Unterlassungen des Hausherrn auf. Die Liebe ist immer mehr als die Sünde. Kein Wasser von dir. Sie hat ihre Tränen genommen. Kein Tuch zum Trocknen. Sie hat ihr Haar genommen. Kein Freundschaftskuß. Sie küßt ohne Unterlaß nicht nur aus Freundschaft. Aus Liebe und Zuneigung. Kein Tropfen Olivenöl aufs Haupt. Sie nimmt kostbares Salböl und salbt die Füße. Nicht nur angedeuteter Gastritus. Sie ist ganz hingewandt zu Seinen Füßen. Er registriert jede Bewegung. Ist aufmerksam allem nachgegangen, was passiert und nicht passiert.
Er kehrt zurück zur Anfangsfrage: „Welcher von ihnen wird ihn nun mehr lieben?" Simon selbst hat die Antwort schon gegeben. Sie gilt jetzt.
„Ihre vielen Sünden sind vergeben, darum hat sie viel geliebt. Wem aber wenig vergeben wird, liebt wenig." Welch ein Satz! Sie hat sich Vergebung *erliebt!*
Sie haben aber nicht zugehört oder nicht verstanden. Sie wollten es wahrscheinlich auch nicht hören. Diese Frau war *die* Sünderin! Die „Hure" ist immer die Frau. Der Mann, der zu ihr geht, bleibt „ehrenwert". Ein Urteil über sie, diese Frau, wollten sie hören und nicht die Aufzählung von Unterlassungen der „guten" Bürger. Wo kommen wir da hin, wenn die Hure zur Heilenden, zur Heiligen wird? Sie denken sofort darüber nach, wer Er sei, daß Er Sünden vergeben könne. Ist es Be- oder Verwunderung? Ist es die bekannte Frage nach der Anmaßung? Beginnt der „Paragraphenritt"? Vielleicht findet sich alles an diesem Tischgelage.
Sie sind betroffen von den Vergleichen, niemand ent-

schuldigt sich, niemand spricht davon, daß es ihn reut, die Gastfreundschaft nicht ausgedrückt zu haben. Nur der letzte Satz hängt in der Luft.
Er hat genug gesagt, ihnen allen müßte eigentlich einiges klar sein, jetzt. Jesus wendet sich ganz der Frau zu: „Dein Glaube hat dich gerettet“, heilgemacht, du hast *ganz* geliebt und bist *ganz* geliebt. „Geh hin in Frieden!“ ist das Wort der Vergebung. Frieden in dir.
Mit der Salbung ist es passiert.
Lukas hätte diese Frau nicht als „Sünderin“ ausweisen müssen. Denn Sünder sind alle außer Jesus. Daß er es so betont tut, läßt vermuten, daß er Theophilus so deutlich wie nur möglich sagen möchte: Dieser Gott ist Heiland, ein verzeihender und über alles liebender Gott.
Wie kann ich da noch Zweifel haben, daß die Verheißung des Jakobus stimmt: „… falls er Sünden begangen hat, sind sie ihm vergeben!“? Mit Gebet und Salbung in der *Kraft* durch dieses Gebet!
Ich zweifle daran nicht!

Bemerkenswert erscheint mir noch zu sein, daß auch Lukas die Geschichte einer namenlosen Frau erzählt. Gleich im Anschluß zählt er Frauen auf, die mit Jesus und den Zwölf unterwegs sind. Er nennt diese Frauen auch beim Namen: Mirjam von Magdala (die nicht die „Sünderin“ von vorhin ist!), Johanna, die Frau des Chuza, und Susanna. Zweimal betont er hier, daß es noch mehr Frauen waren.
Soll ich hier noch an der Frage der Nachfolge zweifeln?
Ich zweifle schon lange nicht mehr!

Denk-mal

Die Salbung. Buchmalerei, 1260,
für den Psalter einer Zisterzienserinnenabtei der Frauen von Basel.
Bésancon, Bibl. Municipale

Die Nachhilfe

In den achteinhalb Jahren meiner eigenen Leidensgeschichte wurde mir selbst mehrmals das große Geschenk der Krankensalbung zuteil.
Von zwei ganz besonderen Erfahrungen möchte ich hier erzählen, weil diese Erlebnisse meine eigene Seelsorgsarbeit nachhaltig geprägt haben. Pater Hannes (Nachwort) und Bischof Bernhard (Vorwort) waren sozusagen „Nachhilfe-Lehrer“ für diese meine Entwicklung. Nach ihrer Hilfe waren wohl die zwei größten Bretter vom freizulegenden Fenster entfernt. Ich schaute nicht nur hinaus, ich überwand ganz „einfach“ den niedrigen Fenstersims und trat ins Freie.
Wie unsagbar schön ist es, Krankensalbung zu erleben und nicht zu ersterben! Wie wichtig ist es aber auch, sie sterbend zu erleben und dieses Sakrament nicht totzuschweigen!
Beide „Lektionen“ durfte ich durchleben.
Das eine Mal war ich dem Tod ganz nahe. Mein Körper war am Ende seiner Kräfte. In ihm wütete die Hölle, die meinen Geist zeitweise erschreckt flüchten ließ. Meine Seele aber war ganz ruhig geworden. In ihr bäumte sich nichts auf. Tiefer Frieden.
In einer solchen Nacht waren die Freunde da, zwölf Menschen um mein Krankenbett. Wir feierten gemeinsam die Krankensalbung und Eucharistie. Pater Hannes wartete immer wieder die kurzen oder längeren bewußtlosen Phasen ab, wartete, bis ich wieder klar denken konnte und wach war. So konnte ich mit jedem einzelnen ein paar Sätze sprechen. Ganz persönlich noch ein Wort, das wir einander schenken wollten. Da ein Verzeihen, dort ein Trost, hier eine Streicheleinheit, ein Dank, eine Freude, eine Spur … Meine schönste Erin-

nerung an diese Nacht ist, daß ich während der Salbung meine leeren Hände deutlich spürte. Ich war bereit. Ich hatte alles losgelassen in Gottes Willen hinein.
„Keiner von ihnen bleibt allein zurück!“ dachte ich in diesem Moment und war unbeschreiblich dankbar.
Als ich die Kommunion von Hannes bekam, Brot, das wir von einer Krankenschwester bekommen hatten, weil die Spitalskapelle in der Nacht zugesperrt gewesen war, konnte ich noch einen kurzen Augenblick erfassen, daß Gott mich ganz in Seinen Armen hielt. Dann war ich längere Zeit bewußtlos. Wider alles Erwarten sollte ich diese Krise überleben. Meine Zeit war noch nicht erfüllt.
Ich habe von dieser Nacht einige wichtige Momente wie Perlen bewahren können. Kostbar und einmalig:
Das Erlebnis von Fülle und Leere. Es erfüllte sich mein sehnlichster Wunsch, mit den Freunden zusammen ein „letztes“ Fest der Gottesbegegnung, ein letztes Sakrament der Freude zu feiern. Einmal noch gemeinsam. Inmitten dieser Fülle spürte ich diese Leere. Wohltuend befreite, leere Hände. In dieser Leere aller Platz für Gottes Zärtlichkeit. Hannes salbte mir die leeren offenen Hände, und die Fülle vereinte sich mit der Leere.
Wie sollen wir anders zur Voll-kommen-heit gelangen als durch Leere und Fülle, die einander finden mitten im Herzen?
Die Salbung war es, die mir genau das tatsächlich begreifbar machte.
Als wir alle in den folgenden Wochen viele Gespräche miteinander führten, einander erzählten, was jeder von uns empfunden und erlebt hatte, wurde klar: Dieses kurze Abschiednehmen war uns allen wichtig gewesen. Aussprechen, was noch wichtig war. Da bleiben keine

großen Reden, sondern kleine Kostbarkeiten, Augenblicke… Es war wichtig, auch Versprechen zu lösen. Über den Tod hinaus durch Versprechen gebunden zu sein, kann für den, der weiter in diesem Leben bleibt, irgendwann zu einem großen Problem werden. Wie sollte er sich jemals ohne Gewissenskonflikt entbinden können? Im Loslassen durfte einfach die Leere nicht dadurch halbleer bleiben.
Immer wieder erlebe ich seither, daß es tiefen Frieden schafft und viel Belastung erleichtert, wenn ein solches Gespräch am Beginn der Krankensalbung passiert. Ich lade alle ein, einander etwas zu sagen, was eigentlich schon lange gesagt werden sollte, was einmal laut ausgesprochen werden muß, was gerade im Herzen pocht. Es darf ruhig auch Schmerz und Verletzung zur Sprache kommen, aber nicht als Vorwurf, sondern als Entwurf eines neuen Wegabschnittes. Egal, wie weit dieser Weg führt, jetzt gehen wir einen gemeinsamen Schritt. Jeder in seinen Schuhen setzt seine eigene Spur. Auf einem gemeinsamen Stück Boden.
Vieles an Ärger und Schmerz läßt dabei los, vieles an Trost, Zärtlichkeit und Sinnlichkeit breitet sich aus. Die brennende Frage nach dem Sinn erübrigt sich mit einem Mal. Auch Lügen haben keinen Platz mehr. Ganz von selbst entwickelt sich eine Dynamik der Ehrlichkeit und Echtheit. Sakramentales Heilen wird deutlich spürbar.
Ganz zarte Hinführung braucht es nur. Und Raum und Zeit. *Das zu schaffen ist Seelsorge.* Für alles andere sorgt Gott! Wir müssen Ihn nur lassen!
In solchen Stunden wird auch viel Angst nach einer schwerwiegenden Diagnosestellung abgebaut, und von Anfang an lernen alle Beteiligten, miteinander zu

reden. Das Unaussprechliche braucht Sprache. Das Gefühl von Einsamkeit braucht ein Du. Die Hoffnung bekommt andere Dimensionen.
Krisen sind wesentlich schwieriger zu überwinden, wenn bereits das Chaos ausgebrochen ist. Viel Schmerz und Not muß erst gar nicht passieren. Es reicht doch eigentlich schon der Grund der Krisensituation! Wieviel Kraft und Energie kann lebenswichtig genutzt werden, wenn sie nicht verschwendet werden müssen aus Tapfersein, Alleinertragen, Durchhalten, Schweigen, Verdrängen …?!
Mein eigenes Erleben hat tiefe Eindrücke in mir hinterlassen. Ersten Ausdruck dafür fand ich im Schreiben meines Buches über die „Lebensbegleitung bis zum Tod". Trotz dieser umfangreichen Aufarbeitung blieben einige Perlen verborgen. Erst als ich selbst Verantwortung für das Sakrament der Krankensalbung übernahm, lagen sie plötzlich vor mir und warteten nur darauf, in die Hand genommen, begriffen zu werden. Weisheit braucht eben ihre Zeit, sich ganz entfalten zu können. Jetzt bleibt mir das Staunen.
„Nichts wird verloren sein …" Ich glaube diesem Wort!

Ganz anders war die Situation vor einer Krankensalbung, die ich mit Bischof Bernhard und seiner Frau feiern durfte.
Jetzt war es nicht eine akute Lebensbedrohung, die meinen Körper dem Tode nahe brachte. Der Krankheitsverlauf bedrohte mein Augenlicht. Ich erlebte mehrere Tage völliger Blindheit. In dieser Not stürzte meine Seele in einen fast verzweifelten Kampf. Ich habe in und gleich nach dieser Krise eine Aufarbeitung im Schreiben versucht und möchte hier noch einmal ganz

hineinsteigen in diesen Schmerz. Denn so wird am deutlichsten, was auch im Sakrament passiert ist:

Blindversuch

„Der Pfarrer wird am Schluß ermahnt, den Kranken unaufgefordert häufig zu besuchen, wenn dieser noch länger lebt …" Einen Seelsorger ermahnen müssen? Ist ja nur von einem „Pfarrer" die Rede. Und ich weiß doch, was da so alles …
Und darum geht es überhaupt nicht. Das war der letzte Satz. Die Buchstaben noch schwarz auf weißem Papier, in einem dicken Buch. Gerade noch in den Händen, den Stift noch zwischen den zitternden Fingern. Der letzte Satz. Dann Stromausfall. Keine Sicherung, kein Netz. Im freien Fall. Dunkelheit. Nur minutenlang Dämmerung. Afrikanische Dämmerung. Es geht so rasend schnell.
Ich will festhalten, will meine Augen durch die schwarze Wand jagen, sie durch Ritzen schwindeln. Dahinter! Dahinter muß doch Licht sein! Wenigstens ein winziger Stern, nur ein Punkt. Zum Festhalten. Wissen, die Augen sind offen, und ich sehe ein Blinken, eine kleine Botschaft leuchten.
Brennende Hornhaut, Tränen der Anstrengung. Suche nach einem Eck, einer Rundung …, irgend etwas, nur irgendwas!
Kaltes Wasser. Vielleicht in der Kühlung Aufklaren …
Die Lider sinken. Jetzt kommen die Bilder der Phantasie. Ich stelle sie vor mich, traumwandle durch Schreckensnacht. Mit einem Mal der Schmerz! Dieser grausige, zerfetzende Schmerz. Ich hole ihn als Freund, will ihn zum Verbündeten. Mit ihm kommt die Däm-

merung wieder, dann das Licht – ganz bestimmt. Aber es bleibt schwarz, unendliches, sternenloses All.
Schmerz wird mich umbringen! Ich hoffe, hoffe auf den Tod. Finsternis ist der Vorbote. Ich will gehen, will hineinfallen in die atemlose Stille. Aber mein Schrei hallt wider von Granitblöcken. Schwarzer Granit. Schwertkanten reißen mich auf. Blut. Pulsierend zum Leben verdammt. Im Schmerz zerteilt, nicht mehr ganz, nicht mehr ich selbst, nicht mehr von Kopf bis Fuß. Da ein Herz, außer mir vor Angst. Da ein übelgewordener Magen, der nicht schlucken will, irgendwo hängen zwei Beine in der Luft, eine Hand greift ins Leere, kann nicht festhalten, will nicht begreifen.
Ein Buch in meiner Hand, aufgeschlagen. Ich streiche über die Seiten. Horche ins Papier. Stummes Seufzen nur, sonst nichts. Kein Wort, kein Satz, kein Geheimnis, keine Offenbarung. Ein Tropfen fällt wie beginnender Gewitterregen. Schwer und laut ein zweiter. Tränen aus meinen toten Augen. Ich vergrabe mein Gesicht in den Seiten und schreie auf. Das Buch schweigt.
Ölbergschlaf wirft mich hoch und zerschmettert meine Seele auf dem Granit. Ich schrecke auf, starre immer wieder. Kann nicht glauben, was ich *nicht* sehe.
Horche mir schließlich meinen Lieblingsfilm an. „Club der toten Dichter“. Ich kenne seine Bilder, schließe die Augen, sehe. „Carpe diem!“ – welch ein Hohn! Jetzt.
Ich schreie zu Gott, und eine Hyäne kichert. Sie springt auf mich zu, will nicht mehr warten. Aber der Geier ist schneller und reißt mir die Augen aus den Höhlen …
Bebendes Erwachen, schweißnaß und voller Schmerz. Todmüde versinken in neuem Alp.
Meine Hände umklammern den Holzrahmen, suchen die Nägel, die die Leinwand halten. Schwere, duftende

Leinwand. Keine Farbe kann ich ihr geben, sie ist zu schwarz. Die Schreibmaschine ist fremd mit einem Mal. Sie hat meine Sprache verloren. Ich will nicht! Ich will fort, fort von hier. Meine Muse ist sterbend. Ich will sie nicht sehen, so. Ich kann sie nicht begleiten. Kein Trost.

Ich renne aus dem Zimmer. Mitten durch die Bücherwand. Sakristei, Kirche. Am Altar wage ich meinen Kopf zu heben. Sehe die Menschen, faltige Gesichter, vertrauten Raum voll Farbe und Licht. Ich soll beten: Das Gebet meiner Sehnsucht, sprechen im Gedächtnis an jene Stunde, da Er ... Kein Wort, kein Laut. Stille brüllt mich an. Hungrige Löwen in der Arena. Ich gehe aus der Kirche, langsam, taumelnd, leer und hohl. Im Echo klingt aus meinem Bauch ein Flüstern: „Jetzt entscheide dich!"

Aufschrecken. Die aufgerissenen Augen prallen an die schwarze Mauer. Nicht mehr schlafen wollen. Nie mehr oder für immer traumlos. Aber kein Erbarmen. Kein Frieden in der seelenlosen Zeit. Nackt hingeworfen als wimmerndes Häufchen Elend. Entwürdigt, entsorgt, entseelt.

Die Allee ist unendlich lang. Kalter, nasser Nebel. Schemenhaft die bizarren Greifer der alten Bäume. Dazwischen Figuren. Dunkle, große, gesichtslose Leute. Ich renne. Atem brennt. In meinen Ohren dröhnt der Herzschlag. „Wir brauchen dich!" – „Du wirst noch gebraucht!" – „Ich brauche dich!" murmeln, schreien, kreischen die Figuren im Nebel, treten unter den Bäumen hervor. Ich komme auf mich zu und durchspringe mich, falle in eine Steinhalde, rutsche, versinke. Weinend balle ich die Fäuste: „Und wer fragt, was *ich* brauche?" Ersticke an diesen Worten.

Lebe ich im Dunkel oder lebe ich nur noch im Traum? Hat der Tod nur schlampig gearbeitet, meinen geschundenen Geist vergessen, meine Traumbilder im Niemandsland verloren?
Ich stehe am Sterbebett eines alten Mannes. Seine Augen sind angstvoll aufgerissen, er spricht, packt mich mit Eisengriff, zertrümmert meine kranke Schulter, Knochen splittern. Ich kann nur fühlen. Säbel in meinem Fleisch. Kein Ton, kein Laut, Nichts. Ich kann ihm nichts sagen. Er fleht mich an. Ich höre ihn nicht. Sehe nur seine unendliche Not. Plötzlich wieder, tief in mir, zerreißt sich ein Flüstern: „Jetzt entscheide dich!"
Auf dem Acker. Pflugspuren. Schollen trockener Erde. Ich werfe mich hinein, schreie aus Leibeskräften. Fauste Erdklumpen durch meine Finger, breche zusammen und liege weinend in der Feldmulde. Grauer Himmel, zornige Wolkentürme. „Mein Gott!" Nur das Kichern einer Hyäne antwortet. Markbohrend, hämisch, grausig. Sie kommt langsam näher, speichelnd, grinsend. Ich liege, kann nicht auf. Plötzlich stürzt der Geier nieder mit seinem kahlen Schädel, säbelt seine Krallen in meinen Hals und reißt mir die Augen aus den Höhlen. Die Hyäne beißt zu und zerfetzt meinen Arm. Mein Schrei wirft mich in die Dunkelheit. Nackte Angst verbündet sich mit der Einsamkeit. Welch ein Schmerz!
Zum Leben verdammt in irdischen Höllen. Mit sehnsüchtigen Fingern taste ich nach einem Grashalm aus dem Himmel. Nur einen Halm. Eine Spur von Lebensduft. Die Seele verwüstet, irgendwo in der Fremde. Ich muß sie heimholen! Vielleicht mit altvertrauten Dingen. Vielleicht mit einem Hauch Lebendigkeit. Ich weine eine Träne in meine Hand und lasse sie fallen in heißen Wüstensand. Nicht verdursten! Verdorre mir

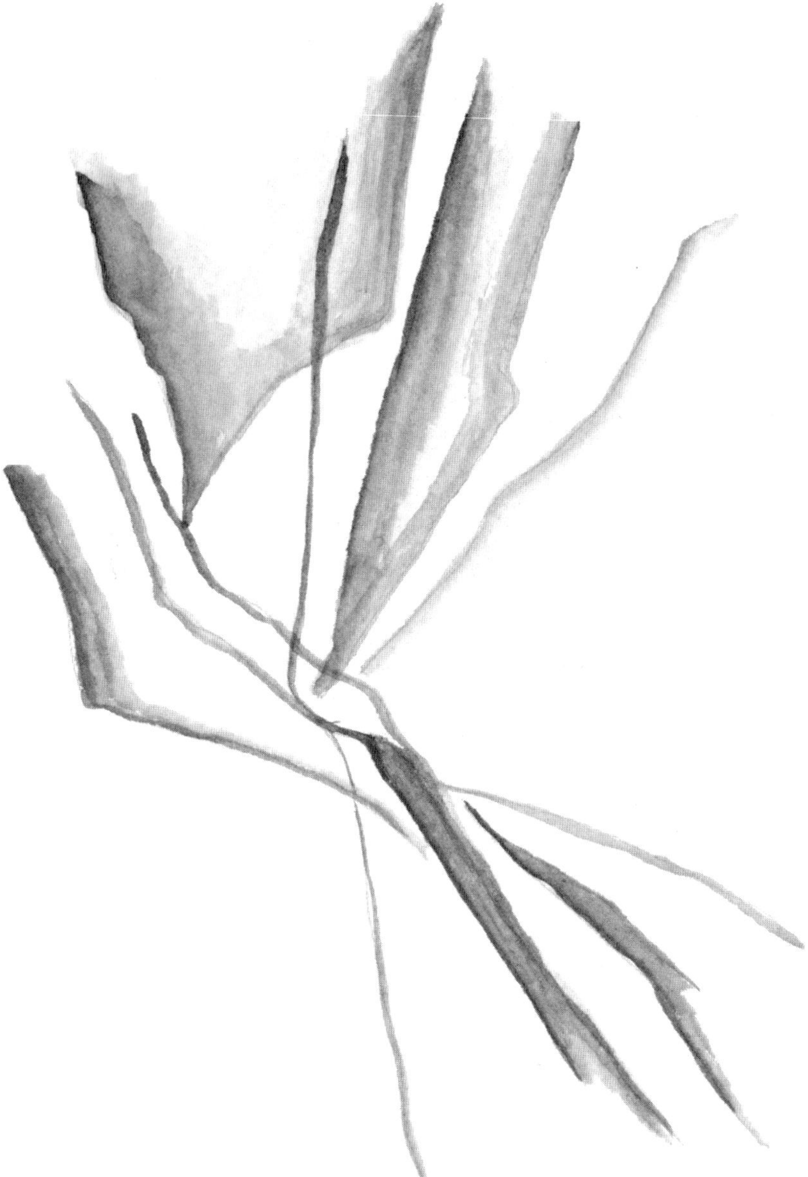

nicht! Was ist Traum und was ist Wirklichkeit? Ich kann es nicht sehen! Mein Geist erzählt mir ein Märchen. Immer wieder. Damit ich es glauben lerne. Die Geschichte ist so bizarr schön und grausam wahr. Ich will sie nur nicht glauben.
Unselige Zeit!

Sehn-sucht

Sehsuche –
Sehnsucht …
Erst nach Tagen
langsam
begreifen:
Strohhalm,
Schilfmeer und
Paukenschlag.
Nicht Gott
hat mich
gequält.
Der Krebs
hat Grimm
gespielt.
In neuer Besetzung,
entgeistert,
märchenhaft.
Nicht Gott
hat mich
gequält.

Mirjam tanzt
wundervoll!
Trommeln für eine

ewigkurze Nacht
und einen langen Morgen
und
erst nach Tagen
langsam
begreifen:
Gott
entschuldigt
sich –
mich –
sehnsuchtsvoll…

Nicht mein ganzes Leben war bedroht. Aber ein ganz wesentlicher Teil meiner Persönlichkeit, meines Wesens. Wie sollte ich leben ohne meine Kunst? War das denn noch Leben? Ich hatte Angst vor diesem Weiterleben. Mir schien der tatsächliche Tod, der ganze Abschied viel leichter, auch viel gnädiger zu sein.
Dieses Mal ging es nicht um einen Abschied von den Freunden. Dieses Mal mußte ich mich lösen in mir, mußte ganz intim loslassen. Ich wußte um die Freunde, die überall im Gebet und in Gedanken jetzt mittrugen. Das alles tat unsagbar wohl. Dieses Mal aber feierten wir „nur" zu dritt Krankensalbung und Eucharistie in meiner „Klause".
Als Bischof Bernhard meine zittrigen Hände salbt, weiß er um meine Angst und meinen Schmerz. Er weiß, daß ich kämpfe um mein Malen und Schreiben, um meine Kunst. Er salbt und erzählt dabei in wenigen Sätzen von dem, was meine Hände an Spuren von Bildern und Texten zurücklassen, was sie gearbeitet haben. Er sagt mir, was so weh tut, spricht es aus, mitten ins Gebet hinein. Ich spüre mit einem Mal, daß meine Seele ruhiger wird,

sie macht ihren ersten Schritt aus der Wüste zurück. „Nichts wird verloren sein.“ Da ist es wieder! Vorsichtig kommt zarte Zuversicht auf. Mühsam und schmerzend versucht meine Seele, sich etwas aufzurichten. Das alles liegt jetzt im gemeinsamen Gebet.
Es braucht noch Wochen, bis ich verstehen lerne, was gerade durch ein solches Betrachten und Zurückschauen passiert ist. Dieser sanfte, kraftvolle Trost wird immer deutlicher im Laufe der folgenden Zeit. Aus der wachsenden seelischen Ruhe schöpft auch mein Körper neue Kräfte, und die Medizin tut das Ihrige.
Schließlich schreibe ich:

Schau-Fenster

Weit offen
kreuzt die Sonne
das Schau-Fenster
ins Dunkel.
Fenster zum Schauen,
weit offen, nicht zu.
Und *das* sehen!
In einem Augenblick
die Sonne kreuzen
hinter Golgotha.
Der Vorhang verreißt!

Schatten-Wesen

Das Leben
überschattet
gewesen.
Über den Schatten
springen müssen
und es erst können,
wenn der Schatten
sichtbar ist
im neuen Licht …
ge-wesen.

Freuden-Tränen

Zerschundenes
Stehen
im kalten Wind.
Espenlaubige Finger,
bebende Beine.
Im kalten Wind
nicht verbrennen
vor Lust.
Ein Löwenzahn
mitten im Asphalt
flüstert ein
Trotzdem,
und ich kann ihn sehen!
Er ist gelb …

Nach dieser eindrücklichen Hilfe von Bischof Bernhard und Monika Heitz kann ich betend schreiben, was alles noch in der Seele brennt. Ich finde Worte ohne Suche, und von Zeile zu Zeile werde ich freier.

Dreistundenpsalm

Gott, Du Widerspenstiger,
Du Quäler und Rätsel,
Du Allesforderer
und Unverschämter,
Du Fremdvertrauter,
Du machtlos Liebender
und lieblos Mächtiger –
Du Sargnagel!
Du Folterknecht
und Henker,
Du Taubstummer –
wo bist Du?
Hast Du mich gerufen,
mich zu verderben?
    Ich habe alle Farben
    des Lebens verschenkt
    im Vertrauen auf Dich –
    und jetzt verschlingt
    mich die Nacht,
    undurchdringlich und schwarz!
Dein Wille geschehe –
es wird dunkel um mich.
Dein Wille geschehe –
Dein Wille!
Dein Wille,
Du Erbarmungsloser!

Nacht und Angst und Schmerz!
Unsäglicher Schmerz!
Meine Seele wirft sich
bäumend
in Todesarme.
Der Tod
fängt sie nicht,
läßt sie fallen
in tiefe, trockene,
nackte Brunnen.
Echoschmerz brüllt in mir,
und meine Angst bebt
in einem Höllenschlund.
Wo bist Du?
Willst Du mich –
so befreie mich!
Laß mich leben
oder
in den Tod sinken –
aber zerbrich mich nicht
in Nacht und Qual!
Willst Du mich –
so befreie mich!
Warum tust Du mir das an?
Warum hast Du mich verlassen?
Warum?
Du!
Warum Du?!
„Er ist ein mühsamer Freund!"
sagt die Freundin hoffend.
Kein Freund – jetzt!
Mit einem Nachbeben
zittert meine Not ein Nein.

„Er hat dir Kraft gegeben …“,
sagt der Freund wissend, leise.
Auf-Bäumung
nagelt mich selbst
auf Golgotha fest.
Meine Seele kommt
mühselig
von weit her –
Immer wieder
hält sie inne,
liegt still
und verblutet –
weidwund erbärmlich.
Wo ist der Gott,
den ich so liebe?
Warum nur dieser grausige Schmerz?
Liebeskummer verkümmert mich.
Du hast mir Gewalt getan,
Du Schrecken dieser Stunden!
Grausamer Spieler, Du!
Der Tag ist Nacht,
und ich lebe nicht wirklich!
Armselig meine Seele,
irgendwo ver-wüstet.

Eine Ikone:
Freundin und Freund
im Auftauchen,
brennendes Atemholen.
Sie rollen den
schweren Stein weg
in einem Augen-blick
voll Erkennen.

Gott, ich lasse nicht von Dir!
Hörst Du?
Hörst Du es nicht,
werde ich malen
für Dich.
Neue Farben des Sterbens.
Dann schau mich an.

Die vierte Stunde,
der dritte Tag:
wir beide
wieder eins.
Träume entbinden schwere Not –
Gott, Du geliebter Schwerenöter!

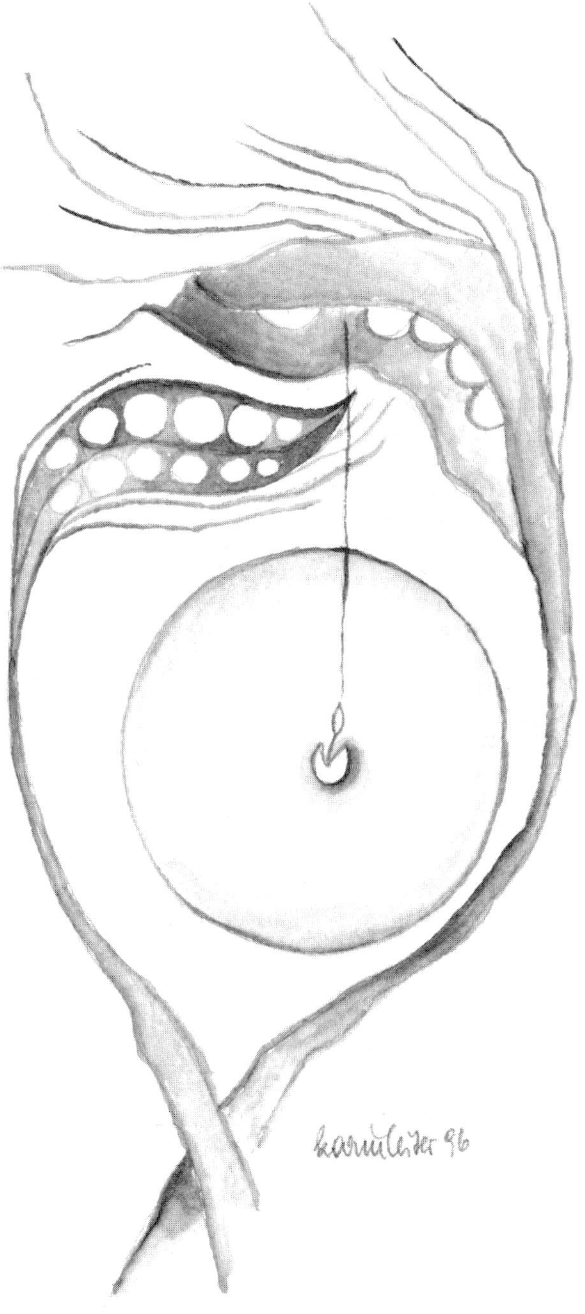

Nachwehen

Ein Meer voll Tränen
erbrüllen –
mitten im Lied,
das den Felsen sprengt,
neue Berge ersehnt
und Kinderlachen
fliegen läßt
wie Drachen
hinaus aus dunklen Höhlen,
hinauf in Säuseln
und Flüstern und Wind.
Auf gischtigem Wasser
gehen
mit brennenden Füßen.
Feueraugen suchen
nach Landschaftsgesichtern,
Sehnsucht nach Vertrautem.
Einfausten in den Händen,
die mich geformt haben.
Immer noch
unheimlicher Schmerz,
Heim-weh im Regenbogen
eines klarenden Morgens
nach unendlicher Nacht.
Jetzt im Schrei
ein Stürmen freiheulen,
und dann hören:
Ich will nichts von dir,
ich will dich!

Ich habe die
Steintafel
zerbrochen,
die Worte zerschellt.
Jetzt hast Du sie
in meine Haut
gebrannt,
Wunden bluten,
es rast das Herz
in Qual.
Ich sehe es:
Ich will nichts von dir,
ich will dich!
Und ich lasse
langsam mein
Nein fallen,
weil Du mich
sosehr
bestürmst.
Ich will uns einen
Berg ersingen
in aller Leidenschaft.
Dann steig Du hinauf
und sprich
von Seligkeit,
sag mir,
es ist genug!

Credo der Leidenschaft

Im Vertrauen
nein gesagt
und erschöpft
dem Schöpfer
das Chaos
hingeworfen,
Neues zu formen.
Hingeworfen im
Vertrauen
auf Seine Phantasie
und Ihre Wehen –
Windhauch der Geburt –
vertrauter Schrei
der eigentlichen Leidenschaft.
Sturm und Wirrnis.
Du hast nicht gesehen,
und trotzdem ist es gut.
Hoffnung
schöpft
die Nacht aus.
Ich lebe –
trau Dir mich zu!
Ich liebe –
trau mir Dich zu, mein Gott!

Für meine eigene Seelsorgsarbeit bleibt mir diese tröstliche Hilfe Bernhards, als er die Spuren meiner Hände nachzuzeichnen begann. Im ersten Moment war da ein Schmerz. Abschiednehmen? Wieder eine Leere in meinen Händen. Eine ganz andere dieses Mal. Angst, ins Leere zu greifen, nicht begreifen zu können und zu wol-

len, was vielleicht geschehen wird. Und nun hat er im Salben die Hände gefüllt. Hat die Fülle gezeigt, die entstanden war mit diesen meinen Händen. Ja, sie durften jetzt leer sein. Es war mir wie ein Angebot zum Ausruhen. Du hast genug mit diesen Händen getan!
Die Sehnsucht nach Ruhe in diesem Sturm war ja groß genug. Das „Ausruhen“ fiel mitten hinein, und der Keim brach auf. Und wuchs. Abschied-*nehmen* ...
Das ist mir geblieben als ein besonderes Geschenk von diesem Tag. Ein Geschenk, das ich weiterschenken darf und muß.
Geblieben ist mir auch ein warmes Gefühl im Rücken. Alle Freunde waren dieses Mal in ihren Gedanken bei uns. Ihr Mittragen war für mich deutlich zu spüren. Ganz besonders im Salbungsgebet. Sie waren nicht gekommen zum Abschiednehmen. Ich mußte sie nicht loslassen. Ich mußte mich selbst loslassen in meinem Sein als Künstlerin. Alles das, was mich am deutlichsten ausmacht, war jetzt in Frage gestellt.

Wenn ich heute auf beide Lebenslehrstücke zurückschaue, dann bleibt mir nur ein liebevolles Deo gratias! Gott hat mir behutsam gezeigt, was „ganz loslassen“ wirklich heißt. Er hat meine Schmerzgrenze gesehen, mich nicht zerbrechen lassen.
Und es bleibt mir ein „Vergelt's Gott!“ an meine beiden „Nachhilfe-Lehrer“ und die Menschen, die mit auf diesem abenteuerlichen, spannenden, mühsamen, lebendigen Weg sind.
Es tut mir um die Tränen nicht leid, und ich danke für das Lachen!

Die Zärtlichkeit Gottes

Dieter war gerade siebzehn Jahre alt geworden. Vor drei Wochen hatte er Geburtstag gehabt. Aber das schien unendlich lange her zu sein.

Jetzt lag er da und kämpfte um ein Stück Leben.

Die Eltern verzweifelt, schreiende Augen voll Ohnmacht. Zwei Freunde aus der Schule. Hilflos, betreten, die Hände zu Fäusten geballt in den Hosentaschen. Und die jüngere Schwester. Still weinend. Einsam mitten unter uns allen.

Dieter nahm meine Hand.

„Ich hab' überhaupt noch nicht gelebt!“ überschlug sich seine schwache Stimme.

Die Mutter schluchzte auf.

Ja, das war der größte Schmerz: seine Jugend!

Wir hatten ausgemacht, daß ich heute die Krankensalbung und die Kommunion mitbringen würde. Dieter selbst hatte mir aufgetragen, wer alles kommen sollte, um mit uns zu feiern.

„Feiern – du bist gut!“ hat er mich zuerst angeschnauzt.

„Ja, feiern. Es gibt etwas zu feiern, Dieter!“ sagte ich.

„Meinen Tod?“ kam es eisig zurück.

„Nein, einen Tag Leben!“ sagte ich bestimmt.

Da nickte er langsam und wünschte sich, wer kommen sollte. Ich besprach alles mit den Eltern. Im ersten Moment wichen sie ängstlich zurück.

„Wann sollen wir denn mit ihm um Kraft, um Aufrichten aus dieser Niedergeschlagenheit, um liebende Geborgenheit bitten, wenn nicht jetzt? Er kann es dringend brauchen und Sie beide doch auch!“ sagte ich und nahm beide an den Händen.

„Aber dann gibt er doch auf!“ warf der Vater ein.

„Er hat sich gewünscht, daß Berni, Joe, seine Schwester und Sie beide dabeisein sollen. Das klingt mir nicht nach aufgeben!" entgegnete ich

Die Mutter nickte und nahm den Arm des Vaters.

Jetzt saßen und standen alle um das Bett. Ich bereitete das Nachtkästchen vor und sagte dann, was es zu feiern galt.

Ich betete kurz und bat dann alle:

„Dieter hat gerade gesagt, daß er noch nicht gelebt hat. Ihr alle kennt ihn seit Jahren, ihr Eltern, solange er lebt. Da gibt es Erinnerungen an Begebenheiten, schöne, traurige, ärgerliche, freudige. Da gibt es Erlebnisse, die man nie mehr vergißt. Da gibt es etwas zu verzeihen, etwas zu danken. Es gibt etwas zu sagen. Ich bitte euch, daß wir einander jetzt einmal bewußtmachen, daß Dieter lebt und gelebt hat. Dieter, du kennst jeden hier. Du hast doch etwas zu sagen. Du kannst verzeihen, danken, trösten, leb wohl sagen, eine Liebeserklärung, einen guten Rat verschenken. Zu jedem Fest gehören Geschenke. Schenkt einander jetzt, was ihr noch nie geschenkt habt und nie mehr so schenken könnt wie jetzt!"

Eine ganze Zeit war es still. Und dann hatte der Bruder der Schwester, die Schwester dem Vater und dem Bruder, die Mutter ihren Kindern und den Freunden ... etwas zu sagen. Sie sagten es nicht nur mit Worten. Blicke, Händedruck, Umarmen kamen ganz von selbst dazu.

Schließlich legte ich Dieter die Hände auf, und im Gebet lud ich alle dazu ein, es auch zu tun. Dann nahm ich das heilige Öl und bat die Eltern, sie sollten ihrem Sohn die Hände salben. Jeder auf einer Seite, und die Schwester ließ ich ihm die Stirn salben, während ich das Salbungsgebet sprach. Dieter hatte mir in den letzten Tagen erzählt, daß er sich im Laufe seiner Krankheit davor gefürchtet hat, nicht mehr aus dem Bett zu kommen. So als könnte er es damit verhindern, wünschte er sich neue Turnschuhe.

Deshalb ging ich nun ans Fußende und salbte seine Füße.

„Wieviel sind sie gerannt, gestolpert, gegangen? Über Steine und Asphalt, Wiesen, durch Pfützen und Sand, bergauf und bergab. Sie sind in Pedale getreten, haben Bälle geschossen, waren kitzlig und haben zum Lachen gebracht. Sie haben Blasen gehabt und brennende Sohlen, sie haben geschwitzt, und ihnen war zu kalt. Sie haben getanzt und wütend aufgestampft, sie haben die Schaukel in Schwung gebracht und waren oft dreckig. Mit diesen Füßen hast du viel erlebt, Dieter, und sie mit dir. Du hast Spuren gesetzt, die niemand mehr weiß, und du hast Spuren gesetzt, die niemand mehr vergißt. Deine Füße haben dich weit und lange getragen. Jetzt trägt dich Gott. Du mußt nichts mehr durchstehen, du mußt auch nichts mehr ertragen. Gott steht für dich ein und trägt dich. Nichts kann dir passieren. Gleich, wohin der Weg jetzt geht, wie weit er auch ist. Du hast Spuren zurückgelassen in und um die Menschen herum, die dich kennen und lieben …"

Dieter weinte plötzlich haltlos.

„Es ist ja nur für euch so schwer, wenn ich jetzt gehe. Es tut so wahnsinnig weh, wenn ich weiß, euer Kummer …" Er brach ab.

Ich ging zu den weinenden Eltern und der Schwester und salbte sie, betete um Kraft und Zuversicht, um Mut zum Weiterleben. Dieter beruhigte sich sehr schnell. Er horchte ganz genau zu und setzte immer wieder ein bekräftigendes „Amen". Schließlich beteten wir gemeinsam das Vaterunser, und alle kommunizierten. Ich brach betont die Hostien und gab Dieter und seiner Schwester je eine Hälfte. So vieles verband die Geschwister, und sosehr waren sie im Trennungsschmerz. Ich brach eine Hostie für die Eltern, die einander stärkend helfen mußten. Ich brach eine dritte für Berni und Joe, die beide ihren Schulfreund verloren und auch gemeinsam durch die Trauer gehen sollten. Im Segen bat ich sie, einander an den Händen zu halten. Und betonte noch einmal, daß niemand alleine war, jetzt. Im Gottvertrauen schloß ich die Feier. Wir blieben diesen Tag und die folgende Nacht abwechselnd bei Dieter. Dann schlief er ruhig ein. Mitten in die zärtlichen Arme Gottes hinein …

Christiane war erst zweiundfünfzig. Sie hatte in den letzten zwei Jahren zunehmend unter Vergeßlichkeit gelitten. Zuerst erfand sie Ausreden und Tricks, um es niemanden merken zu lassen. Sie wollte es auch selbst nicht wahrhaben.
„Das müssen die Hormone sein, der Wechsel …", beruhigte sie sich selbst. Aber es wurde immer schlimmer. Ihr fielen ganze Wörter nicht mehr ein. Sie sagte: „Dings" und „weißt eh, was ich meine!" und „mir liegt's auf der Zunge" …
Der Arzt verschrieb ihr erst Vitamine, Minerale, das eine oder andere Alterstonikum nahm sie im Reformhaus mit. Aber schließlich mußte sie aufhören mit der Flucht und wurde genau untersucht. Jetzt war es grausame Gewißheit. Sie hatte es befürchtet, verdrängt, abgetan. Jetzt stand es fest: Alzheimer!
Ewald, Christianes Mann, erfuhr die erschütternde

Wahrheit, wußte damit nichts anzufangen. Er wußte wohl vom Fernsehen, aus Zeitungsartikeln, was dieser Alzheimer … Aber was passierte nun? Ich sagte ihnen, wohin sie sich wenden sollten. Je früher, desto besser. Beiden stand ein langer und sehr schwerer Leidensweg bevor. Christiane hatte Angst. Vor allem Angst, mit den erwachsenen Töchtern und dem Sohn zu sprechen. „Aber Ewald wird Hilfe brauchen und du auch! Diese Krankheit betrifft die ganze Familie. Ihr müßt mit ihnen bald reden!“ sagte ich ohne lange Umschweife. Für längere Diskussionen reichte Christianes Denkfähigkeit nicht mehr aus.

Ewald nickte wissend und sah mich mit unendlich traurigen, angstvollen Augen an.

Ich verstand ihre Angst. Es war ein schwerer Schritt. Würde sich jemand zurückziehen? Es nicht aushalten, da mitzugehen? Ewald konnte seine Christiane nicht festhalten und nicht loslassen. Christiane konnte nirgends Halt finden. Sie verlor sich selbst und erlebte dieses Verlieren so unbarmherzig mit.

Schließlich machte ich den Vorschlag, die Kraft da zu erbitten, wo sie am stärksten war. Ich konnte ihnen nichts abnehmen von dieser Last. Aber ich konnte ihnen helfen, Kraft zu schöpfen.

Jetzt war Zeit für die Krankensalbung. Jetzt, wo die Not so groß war, ein schlimmer Weg bevorstand. Viele Tode kamen auf sie zu.

Am gleichen Abend noch kam ich ein zweites Mal. Wir feierten gemeinsam die Krankensalbung. Ich bat Ewald, seine Christiane zu salben und einfach zu erzählen, was er erzählen wollte. Er sagte ihr, daß er mit ihrem Sturkopf oft Schwierigkeiten gehabt habe, was ihm besonders freudig in Erinnerung war, ihre Haare damals, abge-

schnitten. Einfach so. Frech und jugendlich. Er nahm die Hände und küßte sie zärtlich vor der Salbung, bedankte sich, erzählte, wie fest und sanft sie immer waren, sagte, was er so liebte an ihnen. Sprach von Liebesbriefen aus der Verlobungszeit …
Ich reichte Christiane das Öl, und sie salbte Ewald in gleicher Weise. Worte, die Ewald nicht mehr vergessen wird. Das Salbungsgebet sprach ich bei beiden und legte ihnen die Hände auf. Wir beteten, schwiegen, weinten und brachen die Kommunion in drei Teile. Sie brauchten alle Kraft für das Morgen!
Schließlich umarmte ich sie im Segen und verabschiedete mich einige Stunden später. Mitternacht war längst vorbei.
Am nächsten Tag bat mich Ewald, beim Gespräch mit den Kindern dabeizusein. Sie wollten es nicht mehr länger hinausschieben. Ich brauchte nichts zu sagen. Die beiden schafften es gemeinsam! Und die Familie war eng verbunden, stark und tragfähig. So hart das Schicksal ist, von so viel Zärtlichkeit wird es getragen! …

Mara war vor Jahren in einem meiner Seminare gewesen. Jetzt am Telefon erzählte sie mir tränenerstickt, daß Raoul, ihr sechzehnjähriger Sohn, an Knochenkrebs erkrankt sei. „Vorgestern wurde sein Bein amputiert. Wir haben vorher mit ihm gesprochen. Der Arzt hat es ihm erklärt. Wir haben ihm wohl hundertmal gesagt, daß alles wieder gut wird. Aber kaum war er aus der Narkose aufgewacht, hat Raoul aufgeschrien, sich alles herausgerissen, die Infusionen, den Katheter. Es war furchtbar. Verräter, Mörder, Lügner, Betrüger hat er uns genannt, uns alles nachgeworfen, was er nur greifen konnte. Jetzt will er uns nicht sehen. Schreit sofort, wir sollen das Zimmer verlassen.

Sonst spricht er kein Wort. Mit niemandem. Liegt nur da und starrt vor sich hin!" Mara konnte nicht mehr sprechen. Hundertmal zuviel war gesagt worden, daß alles gut werden würde. Es war nicht gut! Es wird auch nicht gut! Es wird alles ganz anders.
Raoul hatte nur die (un)barmherzige Lüge gehört. Die Hiobsbotschaft „Amputation" war nicht wirklich bei ihm angekommen. Jetzt waren die Ärzte und seine Eltern seine Feinde, die ihn verraten und belogen hatten.
„Wenn du mir was vorwirfst, schmeiß ich es postwendend zurück!" sagte ich scharf und ging auf den blassen Jungen zu. Er schaute mich verwundert an und sagte nichts. Ich stellte mich als Mitpatientin vor und erzählte ihm: „Ich hab' gehört, du hast eine kräftige Stimme und eine gute Wurfhand. Ach ja – und herumwüten kannst du auch. Find' ich gut. Ist der erste Weg zur Besserung. Die Chancen stehen nicht schlecht, daß du den Krebs besiegst!" Ich hielt inne, wollte ihm Raum geben.
Er hatte seinen Kopf zum Fenster abgewandt und demonstrierte Desinteresse. Ich nahm mir einen Stuhl und setzte mich. Langsam kam Raouls Gesicht auf mich zu. Bittere Mundwinkel und Zorntränen in den Unterlidern.
„Du hast ja keine Ahnung!" preßte er durch die Lippen.
„Wovon keine Ahnung?" fragte ich und hielt seinem Blick stand. „Sie haben gesagt, daß alles gut werden wird. Sie haben mich belogen! Alles gut!" Er lachte schrill auf.
„Wie soll alles gut werden mit einem Bein! Ich bin ein Krüppel. Mit sechzehn Jahren! Alles aus. Mitleid. Sie kotzen mich an. Lieber sterbe ich!" Raoul drehte sich weg. Tränen rannen.
Nach einer Zeit sagte ich ganz langsam: „Sterben ist auch nicht leicht. Da verlierst du schließlich dein Leben. Du hast noch ein Bein, Prothesen gibt es auch sehr gute,

und ein Krüppel bist du nur, wenn du dich selbst dazu machst!"
Den letzten Satz sagte ich scharf und etwas lauter.
Raoul warf sich herum, starrte mich wütend-traurig an.
„Du hast leicht reden! Du hast ja zwei Beine. Du hast schon gelebt. Du kannst gehen!" schrie er mich an und ballte die Fäuste.
„Du hast ja keine Ahnung, wie das ist. Also red nicht!" donnerte er noch einmal.
„Du hast recht. Ich weiß nicht, wie das ist mit einem Bein! Aber ich weiß, wie das ist, wenn keine Chance auf Gesundheit mehr besteht. Ich weiß, wie das ist, wenn Bewegungen nicht mehr funktionieren, wenn Schmerzen einen aufbäumen. Ich weiß, wie das ist, wenn das Laufen nicht mehr geht, wenn jeder Schritt mühsam ist. Ich weiß, wie das ist, wenn sich Leute nach dir umdrehen und flüstern. Ich weiß, wie das ist, wenn Behandlungen zum Spießrutenlauf werden, wenn du aus der Haut fahren möchtest, wenn niemand begreifen kann, was in dir wütet. Ich weiß, wie das ist, wenn du lieber tot sein willst, als so kämpfen zu müssen. Raoul, ich weiß das alles. Aber ich weiß nicht, wie das bei dir ist. Ich möchte dich aber verstehen lernen. Erzähl es mir, erklär es mir. Bitte!"
„Wozu?" fragte er nach einer kleinen Weile.
„Ich will kein Mitleid mit dir haben. Ich will dich verstehen!" sagte ich. Ratlosigkeit stand zwischen uns, spürbar für beide. „Raoul, hast du schon einmal erlebt, daß du dir verraten und allein gelassen vorgekommen bist? Von deinen Eltern im Stich gelassen? Wütend und unverstanden?" fragte ich langsam, sprach einfach meine Gedanken aus.
Der Junge dachte nach. Die Stille war befreiend und schön. Jetzt war die Wand eingebrochen. Dann setzte er

sich etwas auf und nickte langsam: „Ja. Damals in Italien. Ich war fünf oder sechs. Noch nicht in der Schule. Wir waren das erste Mal am Meer. Den Sand fand ich toll, aber das Wasser war irgendwie unheimlich. Ich traute mich nicht hinein, nur ganz an den Wellenrand. Fand das lustig, gleich wieder davonzurennen ans Trockene. Ich hatte einen wunderschönen Ball. Groß und knallrot mit weißen Tupfen. Er gehörte mir ganz allein, und niemand hatte so einen. Ich spielte mit dem Ball, warf ihn in die Luft, versuchte, mit dem Fuß zu schießen. Dabei bin ich meistens umgefallen. Irgendwie ist der Ball ins Wasser gefallen und trieb hinaus aufs Meer. Zuerst war ich wie erstarrt vor Schreck. Sah zu, wie eine Welle nach der anderen ihn weiter mitnahm. Dann brüllte ich endlich los. Meine Mutter kam, wollte mich beruhigen. Ich solle still sein, die Leute schauten schon so. Der Ball ist halt weg. Wir kaufen einen neuen. Ich schrie immer noch. Ich wollte diesen meinen Ball wieder. Es brauchte doch nur ein Erwachsener hinausschwimmen. Mein Vater kam. Stand da und tat nichts! Er sagte nur, Mutter solle mich endlich beruhigen. Er tat nichts. Genau wie jetzt. Sie stehen da und sagen, daß alles wieder gut wird. Ich soll zu schreien aufhören. Kriegst eh eine Prothese …“ Raoul weinte haltlos, schluchzte laut auf. Jetzt konnte ich ihn umarmen, er hielt sich fest und weinte. Nach einer Weile sagte ich leise: „Jetzt versteh’ ich dich. Ich hatte auch einmal einen Teddy, den ich sehr liebte. Die Mähmaschine hatte ihn erwischt und zerfetzt. Es hieß nur, ich solle halt mit etwas anderem spielen. Der Teddy wäre eh schon so grauslig alt gewesen.“ Der Schmerz war mit einem Mal da, und wir weinten beide.

Nach einer langen Weile erzählte mir Raoul von seiner größten Angst. Er hatte noch nie eine Freundin gehabt.

Wie sollte er jemals …
„Das wird sicher nicht leicht!“ nickte ich. „Das kommt auf dich selbst und auf die junge Frau an. Du wirst sicher Enttäuschungen erleben. Das ist ganz normal und liegt nicht an deinem Bein. Aber dir wird’s immer so vorkommen. Solange du es verbergen kannst, wirst du sicher sein. Aber dann kommt der Moment der Nähe, die Prothese wird dazwischenstehen. Wenn du nicht lernst, schwimmen zu gehen, kurze Hosen zu tragen, mit Blicken umzugehen, wirst du diese Probleme haben. Lerne deine Prothese kennen, zeig sie dir selbst und dann auch anderen. Dann lernst du, dich auszuziehen ohne diese Blockade. Das hilft dir sicher. Und unter den paar Milliarden Menschen gibt es sicher mehrere Frauen, die auch lernen können, damit umzugehen, meinst du nicht?“
Raoul lachte. Er lachte!
Ich nutzte diesen Moment: „Du wirst Kraft brauchen. Aber es ist zu schaffen!“
Plötzlich wurde er ganz ernst: „Woher soll ich soviel Kraft nehmen?“
„Du brauchst nicht ein Riesenpaket, sondern jeden Tag eine gute Portion!“
„Woher?“
„Aus dir!“
„Und wenn ich keine habe?“
„Fangen wir einmal an. Brüte nicht über ungelegten Eiern. Ich glaube, wir sollten vielleicht einfach feiern. Was hältst du davon, Krankensalbung zu feiern? Zum einen brauchst du Kraft. Warum nicht Gott drum fragen? Warum nicht auf Ihn bauen? Zum anderen hast du in deiner Wut und deinem Schmerz noch gar nicht gesehen, daß du etwas zu feiern hast. Du bist am Leben. Du hast gute Chancen, den Krebs zu besiegen. Du bist jung und hast noch viel vor. Du

hast noch immer ein gesundes Bein und zwei kräftige, geschickte Arme. Jetzt beginnt ein neues Leben für dich. Weine nicht dem alten nach, sei neugierig, welches Abenteuer jetzt beginnt!" sagte ich.
Raoul war ganz still, er hörte mir aufmerksam zu.
„Ich möchte gerne mit dir das Fest feiern. Ein Fest für die Kraft und ein Fest für das Leben. Wenn du willst, bringe ich morgen alles mit, und wir feiern."
„Ja, das ist eine gute Idee!" sagte Raoul und nickte bekräftigend.
„Wer soll mitfeiern?" fragte ich.
„Wieso mitfeiern?" Er starrte mich plötzlich forschend an. „Meine Eltern will ich nicht sehen!"
„Also, zum Feiern braucht es Menschen. Sollen Freunde kommen? Deine Eltern gehören auch dazu. Sie brauchen auch Kraft, sie brauchen dich und du sie!" sagte ich bestimmt.
„Nein, niemanden! Du kannst mir die Krankensalbung auch allein spenden!" schrie er auf.
„Nein!" Jetzt war es an mir, etwas lauter zu werden. „Ich bin bereit, dir einen der Krankenseelsorger vorbeizuschicken. Ich spende dir die Krankensalbung nicht. Du brauchst keine Almosen! Ich möchte mit dir ein Fest feiern. Mit dir und deinen Eltern!"
Raoul setzte an, aber ich war schneller: „Sag jetzt nichts. Ich komme morgen gegen vier, bringe alles mit und lade deine Eltern ein. Wenn du uns nicht sehen willst, laß ich dir einen Seelsorger schicken, wenn du willst."
„Das ist Erpressung!" sagte er.
„Nein. Du kannst frei entscheiden. Die Krankensalbung kriegst du auf alle Fälle, wenn du willst. Überleg es dir bis morgen!" Ich stand auf und ging, bevor er etwas erwidern konnte.

Draußen warteten die Eltern seit über zwei Stunden.
„Was war das für ein roter Ball, der ins Meer hinausgetrieben wurde vor zehn Jahren?" fragte ich. Sie schauten mich mit großen Augen an. Jetzt verstanden sie nichts mehr. Aber ich war müde und wollte nicht zuviel erklären. Ich brauchte morgen auch ihre Überraschung!
„Wie groß war der Ball? Waren es kleine Tupfen oder große weiße Kugeln? Es ist wichtig!" fragte ich weiter.
Der Vater schüttelte nur verständnislos den Kopf. „Welcher Ball?" fragte er.
Mara erinnerte sich: „Ja, da war einer. Rot, große, weiße Kugeln. Ungefähr wie ein Fußball, so groß. Aber wozu willst du das wissen?"
„Bitte habt Geduld! Ich hoffe, wir kriegen alles wieder ins Lot. Bitte fahr morgen früh mit mir, wir müssen so einen Ball auftreiben. Gegen vier Uhr, hab' ich mit Raoul ausgemacht, wollen wir Krankensalbung feiern. Ihr könnt alle eine ordentliche Portion Kraft brauchen. Ich lade euch dazu ein. Raoul überlegt noch. Aber ich bin zuversichtlich, daß er zustimmt. Dazu brauche ich den Ball. Alles andere sehen wir morgen." Ich schloß so bestimmt, daß beide nichts mehr fragten.
Im dritten Spielwarengeschäft meinte Mara: „Das ist er! So hat der damals ausgesehen!"
Gott sei Dank, wir hatten ihn!
Ich fuhr eine halbe Stunde früher ins Krankenhaus. Von den Schwestern lieh ich mir eine Waschschüssel, ging hinaus zur Baustelle und füllte etwas Sand hinein. Dann Wasser. Ich hatte Meersalz mitgebracht, schüttete eine Handvoll hinein und legte den Ball ins Wasser.
Die Schüssel setzte ich mit einem Schwung auf Raouls Bauch ab und sagte: „Das Meer entschuldigt sich!"
Raoul war vom Blitz getroffen. Er starrte auf die Schüssel,

sank in die aufgestellten Polster zurück, seine Hände zitterten.
„Was soll das?“ fragte er ganz vorsichtig.
„Das Meer entschuldigt sich! Da ist dein Ball!“ sagte ich.
Jetzt schossen Tränen hoch.
Hinter mir waren die Eltern ins Zimmer gekommen. Sie standen unschlüssig an der Wand, wagten sich nicht zum Fußende des Bettes heran.
Raoul nahm plötzlich den Ball und warf ihn mit einem kräftigen Schwung gegen seinen Vater. Der fing ihn auf seiner Brust. Ein riesiger Wasserklecks sog sich durch Krawatte und Hemd. In seiner Überraschung starrte er zuerst auf seinen Sohn, dann auf den Ball, dann wieder auf Raoul. Dann holte er aus und warf dem Jungen den Ball mit aller Wucht zurück! Die Wasserschüssel kippte ins Bett, der Sand, das „Meer“, alles klatschte in die Decke und über Raoul.
Eine Schrecksekunde! Jetzt waren wir alle nicht mehr zu halten. Wir lachten und weinten und lachten. Ich holte schließlich zwei Schwestern, die Raoul frisch betten und umziehen mußten. Auch sie schüttelten zuerst den Kopf, dann lachten sie mit.
Wir feierten Krankensalbung!
Raoul hat mir seinen ersten Tango versprochen. Wir wollen ihn ganz langsam tanzen. Bald…

Mein Bekenntnis

Ich weiß um die Kostbarkeit der Krankensalbung aus persönlicher Betroffenheit und mitgetragener Seelsorge. Ich weiß um die heilende, heilsame und heilige Gottesbegegnung, die in diesem Sakrament liegt. Ich weiß aber auch um die Mißverständnisse, Nöte und Ängste in Verbindung mit der Krankensalbung.

In einer Zeit, die Leid und Krankheit sosehr verdrängt wie unsere, die sosehr davonrennt vor den Tatsachen des Lebens, ist es dringend notwendig, daß wir zur Sprache bringen, wofür es schon fast keine geläufigen Worte mehr gibt!

Die Krankensalbung hilft, Tabus zu brechen und leidtragende Theologie miteinander zu leben, und keine leidmachende!

Irgendwann einmal hat mir eine liebe Freundin eine kleine Weisheitsgeschichte erzählt, die ich all jenen dringend ans Herz legen möchte, die sich verkrampft an starre Regeln anklammern. Wer sosehr festhält, kann sich nicht mehr bewegen. Sich dann zum Mittelpunkt der Welt zu erklären, ändert nichts daran, daß das Leben an ihm vorbeigeht! Aber laßt mich noch kurz erzählen:

Die Exegese vom Katzenanbinden
(nach Antonio De Mello)

Einst lebte ein Prediger, der Bruder Gregorius genannt wurde. Bruder Gregorius war berühmt landauf und landab für seine bilderreiche, gute Sprache. Das kleine Kirchlein war jeden Sonntag bis zum letzten Winkel gefüllt. Alle wollten Bruder Gregorius hören.

Eine Katze strich gerne in dem Kirchlein herum, und Bruder Gregorius wäre fast einmal zu Fall gekommen wegen ihr. Da bat er, man möge die Katze doch während des Gottesdienstes anbinden, damit sie ihm nicht zwischen den Füßen herumliefe. So wurde die Katze immer am Beginn des Gottesdienstes angebunden und danach wieder losgemacht. Die Jahre vergingen.
Bruder Gregorius starb.
Die Katze wurde weiter angebunden.
Die Katze starb.
Man holte eine neue Katze und band sie wieder an.
Nach weit über einhundert Jahren kamen die ersten Theologen und Soziologen, Zoologen und Philosophen und besahen sich den Ritus des Katzenanbindens. Längst war aus dem kleinen Kirchlein ein großes Gotteshaus geworden. Aber immer noch mußte hier – und nur hier – eine Katze während des Gottesdienstes angebunden werden. Mit überliefertem Knoten – sonst wäre es kein richtiger Gottesdienst im Sinne der Tradition gewesen!
Die Katze weiß nicht wieso – und sonst auch niemand. Aber eines wissen alle: *Daran ändern darf sich nichts!*

Gott ist niemals Stillstand, sondern Lebendigkeit! Wenn Gott uns streichelt, fühlt und füllt Er unser Leben mit Seinem zärtlichen „Ich bin da!“.

Ich für meinen Teil habe die Katze losgelassen! …

Nachwort

Liebe Karin,
um Deine Bitte zu erfüllen, schreibe ich Dir am einfachsten einen Brief.
Im ersten Moment war ich sehr überrascht, wie Du mir von Deinem Plan erzählt hast, ein Buch über das Sakrament der Krankensalbung zu schreiben. Doch dann erschien mir das ziemlich logisch.
Ich bin froh, daß Dir dieses Sakrament in die Hände gefallen ist. Ganz ausdrücklich bei Deiner Weihe zur Diakonin im Dezember 1995, als Dir der Bischof unter anderem auch diese Aufgabe übertragen hat.
Du hast Krank-Sein schon von einigen Seiten erlebt und erlitten und uns Leser durch Deine Bücher daran teilhaben lassen.
Jetzt kommt noch eine neue Seite dazu.
Und siehe da: Dieses Sakrament mit seiner ganzen Geschichte, zu der so leidvolle Sackgassen gehören, wird zu einer sprudelnden Quelle, es ist eine Freude!
Die theologische Wissenschaft hat vieles darüber sorgfältig zusammengetragen – Du läßt uns einiges davon aus dem Handbuch der Liturgiewissenschaft über die „Feier der Krankensalbung" (Verlag F. Pustet, 1992) wissen –, die liturgische Feier wurde in der römisch-lateinischen Kirche in den siebziger Jahren weitgehend neu gestaltet, doch der Schatz dieses Sakraments ist noch immer sehr verborgen und unbekannt.
Es ist verlockend, mit Dir diesem Schatz nachzugehen und daran den lebendigmachenden Gott selbst zu entdecken.
Ja, es bleibt noch der bittere Geschmack bei der Frage, wer in der römischen Kirche die Kranken salben darf,

und solche Halbherzigkeit tut weh. „Biblisch und dogmatisch“ steht dem ja nichts entgegen, historisch würde es sich nahelegen (vgl. genanntes Handbuch), daß nicht nur Priester die Kranken salben dürfen.
Liebe Karin, Dir danke ich, daß Du mit Deinem persönlichen Einsatz und Deinem gläubigen Vertrauen auf den lebendigen Gott Wege zeigst und die Kraft spürbar machst, die in so etwas Ur-Kirchlichem wie der Feier der Krankensalbung steckt.

Dein P. Hannes König SJ

Anhang

Ritueller Aufbau der Krankensalbung

Eröffnungsgebet und Einführung
Schuldbekenntnis
Vergebung

Lesung und/oder Psalm
Bitten und Dank
Lobpreis Gottes über dem Öl

Handauflegung
Heilige Salbung
Gebet nach der Salbung

Krankenkommunion und Kommunion
Schlußgebet
Segen

Ich bin als Seelsorgerin niemals Raumgestalterin, immer nur Raumpflegerin! Was zwischen den Zeilen zu stehen hat, gehört allein dem Kranken und seiner Mitwelt. Dahin bin ich gerufen, darin darf ich ein Stückweit mitgehen, daraus ent-steht Gottesnähe, darauf können wir uns verlassen …

Beispiel für einen ökumenischen Krankengottesdienst mit der Feier der Krankensalbung

Eröffnung und Begrüßung

Gott, Du mütterlicher Vater,
nichts ist Dir verborgen.
Nicht unsere kleinen Freuden
und großen Sorgen.
Zu Dir kommen wir,
heilender, heilsamer und heiliger Gott,
belebe uns in Deinem Geist,
und stärke uns
durch Jesus, den Christus und Heiland.
A: Amen

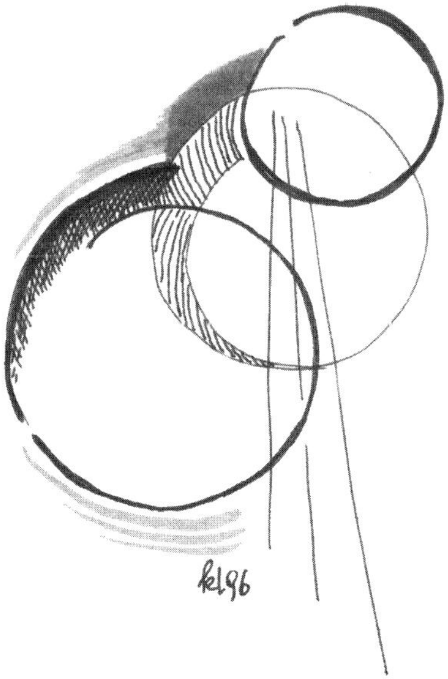

Besinnung

Ich möchte zu Dir kommen,
wenn zu viele Wegkreuzungen mich verwirren,
ich nicht mehr aus noch ein weiß.
Ich möchte zu Dir kommen,
wenn meine Seele in der Wüste Durst leidet
nach einem tröstlichen Wort.
Ich möchte zu Dir kommen,
wenn sich mein Geist aufbäumt
und in mir ein Schrei erstickt.
Ich möchte zu Dir kommen,
wenn Besuche selten sind,
das Telefon oft lange schweigt.
Ich möchte zu Dir kommen,
wenn meine Knochen schmerzen,
meine Brust schwer wird.
Ich möchte zu Dir kommen,
wenn alles so unsagbar mühsam ist
und Ungeduld mich treibt.
Ich komme zu Dir,
um nicht mehr davonzurennen.
Ich komme zu Dir,
weil Du zu mir kommst,
mein Gott!

Bekenntnis

Laßt uns gemeinsam beten:

A: Wir bekennen Dir, liebender Gott,
wer wir sind:
Wir sind nicht immer die Menschen,
für die wir gehalten werden möchten.
Oft haben wir Angst,
uns selbst einzugestehen,
was in unserem Innersten vor sich geht.
Vor Dir bleibt nichts verborgen,
Du kennst uns ganz.
So, wie wir wirklich sind.
Und so liebst Du uns –
trotzdem und immer aufs neue.
Du liebender Gott, hilf uns aus der Angst,
uns selbst zu begegnen
und einander ehrlich gegenüberzustehen.
Zeige Du uns, wie wir uns selbst
und einander achten können.
Gib uns den Mut, unser Vertrauen
auf Deine helfende Kraft zu setzen.
Hole uns heraus aus Schuld und Vorwurf,
die uns lähmen.
Führe uns in der Vergebung
zu neuer Freiheit und Lebenskraft.
Für alle, die sich schwertun,
Verzeihung zu erbitten,
sie anzunehmen und neu anzufangen,
bitten wir Dich:
Löse ihre Fesseln und befreie sie!
Darum bitten wir durch Christus, unseren Bruder.
Amen.

oder:

Laßt uns gemeinsam beten:

A: Vor dem allmächtigen Gott
bekennen wir unsere Schuld,
und voreinander gestehen wir alles Böse,
durch das wir unser Zusammenleben gestört
und dem Frieden auf Erden geschadet haben.
Wir verzeihen einander unsere Schuld
und bitten Gott um Sein Erbarmen
und Seine Gnade.
Amen.

Der allmächtige Gott wird uns gnädig sein,
denn Er ist größer als unser Herz.
Gott, unser mütterlicher Vater,
vergebe uns unsere Sünden
und führe uns hin zum ewigen Leben.

Lossprechung

+ Nachlassung, + Lossprechung und + Verzeihung
unserer Sünden gewähre uns
der allmächtige und barmherzige Gott.

A: Amen.

Kyrie

Jesus, Bruder und Christus,
Du kennst und verstehst unsere Not
und unsere Schmerzen.
Gott, erbarme Dich!
Du Heiland und Freund,
hast Kranke geheilt
und Leidende getröstet.
Christus, erbarme Dich!
Du hast aufgetragen,
den Kranken die Hände aufzulegen
und sie zu salben.
Gott, erbarme Dich!

Tagesgebet

Wir wollen beten:
Gott des Lebens,
schenke uns offene Augen und Herzen
für die Wunder Deiner Schöpfung,
für die kleinen Dinge des Alltags,
in denen wir Dir begegnen können.
Jeden Tag schenkst Du uns
Deine bedingungslose Liebe,
uns, Deinen Töchtern und Söhnen.
Voll Dankbarkeit sind wir jetzt vor Dir,
der Du durch Jesus, unseren Bruder,
im Heiligen Geist lebst und Leben schaffst,
jetzt und in Ewigkeit.
A: Amen.

Lesung

Z. B. Sir 38,9.12–13; Jak 5,14 ff.

Evangelium

Z. B. Mk 14,3–9

Predigt

Fürbitten

Salbung

Über alle Kranken werden die Arme ausgebreitet:

Wir bitten Dich,
heilender, heilsamer und heiliger Gott:
Durch die Kraft Deines lebendigen Geistes
hilf diesen kranken Menschen
in ihren Schmerzen, Sorgen und Nöten,
ihrer Schwachheit und Gebrechlichkeit,
ihren Ängsten und Leiden.
Stärke ihren Körper
und richte ihre Seele auf,
damit sie mutig neue Kraft schöpfen
in Lebendigkeit und voll Vertrauen
auf Deine liebevolle Begleitung,
der Du lebst und liebst in alle Ewigkeit.

A: Amen

Lobpreis über das geweihte Krankenöl

Sei gepriesen, Gott,
liebender, mütterlicher Vater:
Für uns und zu unserem Heil hast Du
Deinen Sohn in diese Welt gesandt.
Wir loben Dich.
A: Wir preisen Dich.
Sei gepriesen, Gott, Christus und Bruder:
Du bist den Kranken zum Heiland geworden.
Wir loben Dich.
A: Wir preisen Dich.
Sei gepriesen, Gott, Heiliger Geist,
Du Lebensquelle:
Du gibst uns Kraft und stärkst uns
in den Gebrechlichkeiten des Körpers
und der Bedrückung unserer Seele.
Wir loben Dich.
A: Wir preisen Dich.
Guter Gott,
schenke unseren Schwestern und Brüdern,
die mit diesem heiligen Öl in der Kraft
ihres und unseres Glaubens gesalbt werden,
Linderung ihrer Schmerzen und richte sie auf.
Durch Christus, unseren Bruder.
A: Amen.

Jedem einzelnen Kranken werden nun die Hände aufgelegt mit stillem Gebet.

Wenn der/die Salbende sich jeweils zum Kranken setzt, vermittelt er/sie eine ganz andere Berührungsebene im Gegensatz zum stehenden Herabbeugen. Dieser Augen-blick sollte nicht verlorengehen!

Mit heiligem Öl werden nun Stirn und beide Hände gesalbt.

Salbung der Stirn:

Durch diese heilige Salbung helfe dir Gott
in Seiner ganzen Liebe
und Seinem reichen Erbarmen.
Er stehe dir bei
mit der Kraft des Heiligen Geistes.
Amen.

Salbung der Hände:

Der liebende Gott löse deine Angst
und dein Leid und verbinde dein Leben
mit Seiner Lebendigkeit.
Sie leite, führe und bewahre dich zu Ihm hin.
Er erlöse dich, richte dich auf
und schütze dich in Seiner Liebe.
Amen.

Gabenbereitung

Gepriesen bist Du, unser Gott,
Schöpfer der Welt.
Du schenkst uns das Brot,
die Frucht der Erde und der menschlichen Arbeit.
Wir bringen dieses Brot vor Dein Angesicht,
damit es uns das Brot des Lebens werde.

Gepriesen bist Du, unser Gott,
Schöpfer der Welt.
Du schenkst uns den Wein,
die Frucht des Weinstocks
und der menschlichen Arbeit.
Wir bringen diesen Kelch
vor Dein Angesicht,
damit er uns der Kelch des Heiles werde.

Wie das Wasser sich mit dem Wein verbindet
zum heiligen Zeichen,
so lasse uns dieser Kelch teilhaben
an der Gottheit Christi,
der unsere Menschennatur angenommen hat.

Unser Gott,
im Geiste der Demut bitten wir Dich:
Nimm unsere Opfergaben gnädig an,
und segne sie.
Führe auch uns zu und in ein Leben,
das Dir wohlgefällt.
Betet, Schwestern und Brüder,
daß unsere Gaben und unser Leben
unserem Gott wohlgefallen.

A: Der Herr nehme die Gaben an
zum Lob und Ruhme Seines Namens,
zum Segen für uns
und Seine ganze heilige Schöpfung.

Gabengebet

Jesus Christus,
Du bist das Brot des Lebens.
Du bist uns Stärkung auf unserem Lebensweg,
Heil für Leib und Seele.

Eucharistiegebet (Hochgebet)

Christus ist bei uns.
A: Ja, er ist in unserer Mitte!
Erhebet die Herzen.
A: Wir erheben sie zum Herrn.
Lasset uns danken dem Herrn, unserem Gott.
A: Das ist würdig und recht.

Wir feiern mitten im Leben
auf dem Weg zur Befreiung ein Fest.
Umgeben von Zwängen und Ängsten
erleben wir auch Freude und Hoffnung,
Frieden und Geschwisterlichkeit.

Wir danken Dir, guter Gott,
daß Du ein Gott der Menschen bist,
daß Du Dich zu erkennen gibst
und uns bei unserem Namen rufst.
Du hältst Deine Hand über uns.
Du bist unsere Zukunft,
Du, die Kraft
im Ringen um Lebenssinn und Gesundheit.

Du bist da, wenn wir beten und schweigen.
Du bist da, wenn wir kämpfen und leiden.
Du bist in unserer Mitte,
wenn wir uns in Deinem Namen versammeln,
jetzt in dieser Stunde.

Mit allen, die wie wir unterwegs sind zu Dir,
stimmen wir ein in den großen Lobgesang.

A: Heilig, heilig, heilig,
Gott, Herr aller Mächte und Gewalten.
Erfüllt sind Himmel und Erde
von Deiner Herrlichkeit.
Hosanna in der Höhe.
Hochgelobt sei,
der da kommt im Namen des Herrn.
Hosanna in der Höhe.

Sende uns, gütiger Vater,
Deinen Heiligen Geist,
damit diese Gaben von Brot und Wein
Leib und Blut Jesu Christi werden.
Am Abend, da Er ausgeliefert wurde
und sich dem Leiden unterwarf,
nahm Er das Brot und sagte Dank,
brach es und reichte es seinen Jüngern
mit den Worten:
Nehmt und eßt alle.
Das bin ich – mein Leib,
hingegeben für euch.

Dann nahm Er den Kelch,
dankte wiederum
und reichte ihn Seinen Jüngern
mit den Worten:
Nehmt und trinkt
aus diesem Kelch,
dem Kelch des neuen,
ewigen Bundes.
Mein Blut wird vergossen
für euch alle
zur Vergebung der Schuld.
Erinnert euch daran!

Sooft wir essen von diesem Brot
und trinken aus diesem Kelch,
erfahren und bezeugen wir
das Geheimnis unseres Glaubens:
A: Deinen Tod, o Herr, verkünden wir,
und Deine Auferstehung preisen wir,
bis Du kommst in Herrlichkeit.
oder:
A: Christus ist gestorben,
Christus ist erstanden,
Christus wird wiederkommen.

Wir danken Dir, Gott,
für Jesus, unseren Bruder.
In Ihm zeigst Du uns,
was Leben sein kann
und daß Liebe kein leeres Wort ist:
Wir können einander Brot und Wein sein,
Stärkung und Ermutigung.

In einer Welt
von Sachzwängen und harten Berechnungen,
in einer Welt
voll Leistungsdruck und Rastlosigkeit
erleben wir ein besonderes Stück Auferstehung
im Einsatz all jener,
denen das Wohl der Kranken und Alten
am Herzen liegt.

Sende Deinen Geist, Gott,
in unsere Mitte,
Freundschaft und Ehrlichkeit
und überfließendes Leben.
Mache uns frei von Enge und Angst,
frei für alle,
die unsere Nächsten sind.

Denn so sind wir auch wirklich Kirche,
zusammen
mit den Bischöfinnen und Bischöfen,
den Priesterinnen und Priestern,
Diakoninnen und Diakonen
und allen, die im Dienst Deiner Liebe stehen.

Wir denken an alle Menschen,
die zu Dir heimgegangen sind.
Führe und bewahre sie
in Deiner Gegenwart,
zusammen mit der seligen Mutter Maria
und allen Heiligen,
die in Deiner friedvollen Freundschaft
leben.

Stärke uns mit Deinem Geist,
damit unsere Hände Zuversicht geben,
Kraft für heute und morgen.
Die Zeit der Auferstehung soll jetzt
in uns zum Ausdruck kommen,
neue Lebendigkeit,
wo Du uns Licht bist
und Leben in Fülle.

So ist Dein Name auf Erden geheiligt
durch Deinen Sohn Jesus Christus,
denn
A: durch Ihn und mit Ihm und in Ihm
ist Dir, Gott, allmächtiger Vater,
in der Einheit des Heiligen Geistes
alle Herrlichkeit und Ehre
jetzt und in Ewigkeit.
Amen.

oder: **Eucharistiegebet nach Hippolyt**

Nach dem Sanktus

Wir sagen Dir Dank, Gott, unser Vater,
durch Deinen geliebten Sohn, Jesus Christus.
Ihn hast Du gesandt in der Fülle der Zeit
als Heiland und Erlöser,
als den Boten Deines heiligen Willens.
Er ist Dein ewiges Wort,
mit Dir untrennbar verbunden.
Durch Ihn hast Du alles geschaffen.

Du sahst, daß es gut war.
Er ist Mensch geworden
durch den Heiligen Geist,
geboren von der jungen Frau Maria.
Du hast Ihn als Deinen Sohn geoffenbart.
Deinen Willen zu erfüllen
und Dir ein heiliges Volk zu sammeln,
breitete Er im Leiden die Arme aus,
um die vom Leiden zu erlösen,
die an Dich glauben.
Er hat sich freiwillig dem Tod überliefert,
um den Tod zu entmachten,
die Fesseln des Todes zu sprengen,
das Unheil in die Schranken zu weisen
und die Auferstehung kundzutun.

In der Nacht,
in der Er ausgeliefert wurde,
nahm Er Brot, sagte Dank,
brach das Brot,
gab es Seinen Jüngern
mit den Worten:
Nehmt und eßt:
Das ist mein Leib,
der für euch hingegeben wird.

Ebenso nahm Er nach dem Mahl den Kelch,
dankte dir wiederum,
gab ihn Seinen Jüngern und sprach:
Nehmt und trinkt:
Das ist der Kelch
des neuen und ewigen Bundes,
mein Blut,
das für euch und für alle
vergossen wird
zur Vergebung der Sünden.
Tut dies zu meinem Gedächtnis.

Darum feiern wir das Gedächtnis Deines Sohnes,
seines Todes und seiner Auferstehung
und bringen Dir dieses Brot und diesen Kelch.

Geheimnis des Glaubens!
A: Christus ist gestorben,
Christus ist erstanden,
Christus wird wiederkommen.
Wir danken Dir,
daß Du uns für würdig befunden hast,
vor Dir zu stehen und Dir zu dienen.

Wir bitten Dich:
Sende Deinen Heiligen Geist auf diese Gaben
und auf die Feier Deiner Kirchen.
Sammle sie zur Einheit an Deinen Tisch.
Stärke sie durch Deinen Geist
im Glauben an Dich
und halte sie in der Wahrheit,
damit wir Dich loben und Dir die Ehre geben
durch Deinen Sohn Jesus, den Christus.

A: Durch Ihn und mit Ihm und in Ihm
ist Dir, Gott, allmächtiger Vater,
in der Einheit des Heiligen Geistes
alle Herrlichkeit und Ehre
jetzt und in Ewigkeit.
Amen.

Vaterunser

In der Gewißheit,
daß Gott für uns *Vater* ist und *Mutter*,
beten wir das Gebet Jesu:
A: Vater unser, …

Lamm Gottes

Lamm Gottes,
du nimmst hinweg die Sünden der Welt.
A: Erbarme Dich unser!
Lamm Gottes,
du nimmst hinweg die Sünden der Welt.
A: Erbarme Dich unser!
Lamm Gottes,
du nimmst hinweg die Sünden der Welt.
A: Schenk uns Deinen Frieden!

Friedensgruß

Zum Frieden führst Du uns,
zufrieden soll unsere Seele werden.
Und so hast Du uns in Deiner Liebe zugesagt:
Frieden hinterlasse Ich euch,
Meinen Frieden gebe Ich euch.
Der Friede des Herrn
ist allezeit bei und mit uns.
A: Frieden auch mit dir!
Geben wir einander ein Zeichen dieses Friedens!

Kommunion

Das ist das Brot des Lebens.

A: Darum sind wir viele ein Leib,
denn wir alle haben teil
an dem einen Brot.
(so oder ähnlich): Selig sind wir alle,
weil Christus uns zu Seinem Festmahl
geladen hat.
Wir empfangen das Abendmahl.

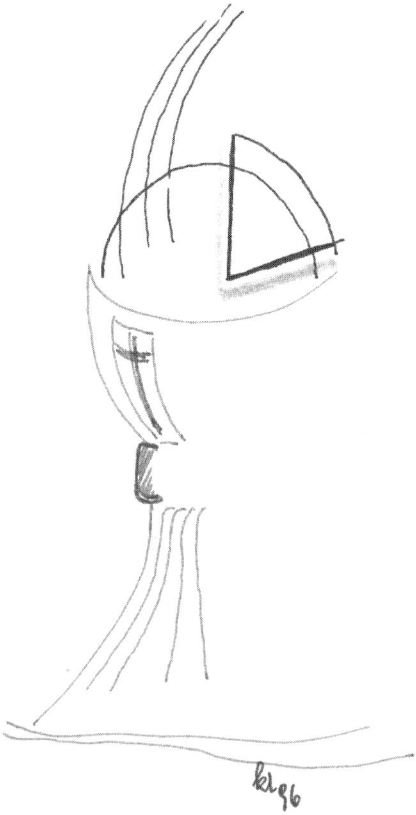

Schlußgebet

Du mütterlicher Vater und guter Gott,
bei Dir sind wir sicher.
Du trägst uns in Deiner liebenden Hand.
Wir wissen nicht, was das Morgen bringt
einzigartig ist dieser Tag,
den Du uns schenkst.
Wir hoffen auf Dich
und leben aus Dir und auf Dich hin.
Bleibe bei uns in der Freude und im Schmerz,
der Du das Leid kennst und das Heil bist.
Amen.

Segen

Ich erbitte für uns,
daß wir Licht sind,
daß wir Licht bleiben
und Licht erfahren in unseren Dunkelheiten.

Dazu segne uns Gott, der Vater,
der Sohn und der Heilige Geist!
Amen.

Gebete der Krankensalbung

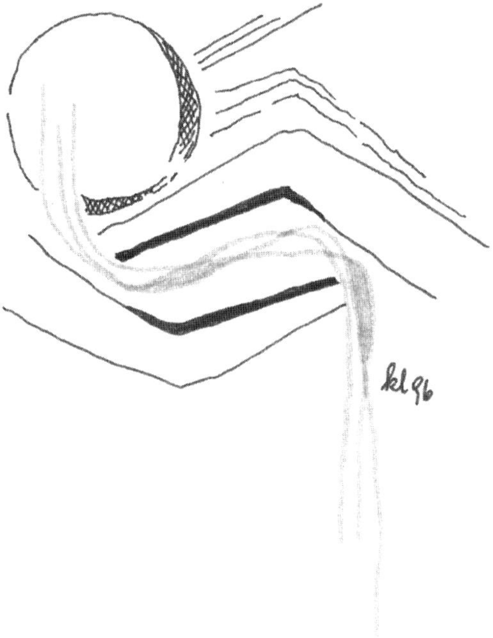

Psalm der De-Mut

Mein Gott,
Du bist mir Licht in dieser Dunkelheit,
Du bist mir Heil in meiner Not.
        Du Kraftquelle meines Lebens,
        ich bange um meine Zuversicht.
Höre, Du, Gott,
meinen Aufschrei!
Wende Dich mir zu und höre mich!
        Mein Herz denkt an Dein Wort:
        „Kommt zu Mir, die ihr mühselig seid."
        Ich komme zu Dir, mein Gott!
Gib Dich zu erkennen,
weise mich nicht ab!
Du bist meine Hoffnung, Du.
        Verlasse mich nicht,
        Du Gott meines Heils.
Hoffen will ich auf Gott,
mit festem Vertrauen und
neuem Mut will ich hoffen
        auf Dich, Gott, auf Dich!

Wüstenpsalm

Gott meines Lebens,
meines Seins,
ich flehe Dich an!
Mit leeren Händen
komme ich zu Dir,
Tränen in den Augen.
Meine Seele verdurstet
in der Wüste,
nach Wasser sehnt sie sich.
Gott, Du, mein Leben!
Bewahre mich
und laß mich aufstehen
aus dieser Not,
führe mich heraus
aus meinem Leid!

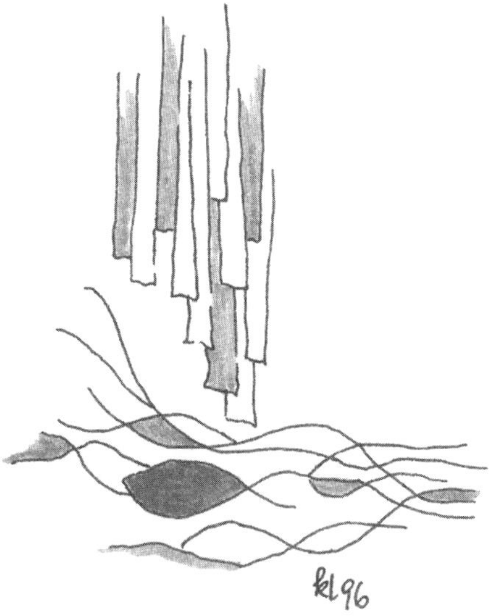

Psalm des Vertrauens

Du, immer da und jetzt ganz nah,
Du, Gott, zärtliche Liebe, Du!
        Mein Herz kennst Du,
        ich bin Dir vertraut.
Wo ich auch bin,
was ich auch tue,
        Du bist da.
        In mir und um mich,
vor mir und über mir,
hinter, neben und bei mir.
        Du bist da.
        Von allen Seiten umgibst Du mich,
zärtlich sorgender, mütterlicher Vater,
Bruder, Freund und Lebenskraft.
        Ich bin zu klein,
        dies wirklich zu begreifen.
Aber glauben will ich Dir,
vertrauen auf Dich, guter Gott.
        Nicht davonrennen will ich,
        vor Dir – ich könnte es gar nicht.
Denn wollte ich selbst
zu anderen Sternen fliegen,
        so bist Du dort
        und erwartest mich.
Wäre ich bei den Toten,
tief in der Erde vergraben,
        Deine Hand würde mich dort halten
        und tragen wie hier.
Verliere ich mich in der Dunkelheit,
verstecke ich mich in der Nacht,

so ist keine Finsternis dunkel für Dich,
Dein Licht erhellt jede Nacht.
Du hast mich gebildet,
nach Deinem Bild hast Du mich gemacht.
Mein Gott, ich danke Dir,
wundervoll hast Du mich geschaffen.
Ich danke Dir, Du treuer Gott,
daß mein Herz dies erkennen kann.
In Deinem Plan war ich von Anbeginn.
All meine Wege, Irrwege und Umwege
siehst und kennst Du.
Du läßt mich nicht allein.
Freiheit zur Entscheidung
hast Du mir in die Hand gelegt.
Du kennst mich.
Meine Gedanken und Gefühle,
meine Freuden, meine Sorgen und Nöte:
Du kennst sie alle.
Du verstehst, was ich nicht verstehe.
Du fängst auf, was ich nicht begreife.
Du liebender Vater
und zärtliche Mutter,
Ich vertraue Dir und lebe in Dir.
Du kennst mein Herz,
Du weißt, wie ich fühle.
Mein Denken verstehst Du.
Begleite mich auf meinem Weg,
in Deinen Weg
und führe mich ganz zu Dir.
Dann ist nichts verloren.

Schrei-Psalm

Gott, mein Gott,
befreie meine Seele
und mein Herz
aus Angst und Not!
    Verzweiflung und Bedrängnis
    halten mich gefangen.
    Herr, befreie mich!
Einsam bin ich
und gebeugt,
sinnlos erscheint mir alles.
    Verlasse mich nicht
    und richte mich auf,
    wecke all meine Sinne auf.
Gott, mein Gott,
höre mich an
und hilf mir!

Schmerz-Psalm

Wozu dieser Schmerz? –
Du weißt es, Gott!
    Warum dieser Kummer? –
    Du weißt es, Gott!
Wieso mir? –
Du weißt es, Gott!
    Du weißt es, Gott! –
    Was nützt mir das?!

Trost-Psalm

Niedergeschlagen bin ich, und Du,
mein Freund, richtest mich auf.
    Tränen rauben meinen Schlaf, und Du,
    meine Freundin, weinst mit mir.
Verwundet ist meine arme Haut, und Du,
mein Freund, verbindest sie.
    Verletzt ist meine Seele, und Du,
    meine Freundin, streichelst sie sanft.
Angst überwältigt mich, und Du,
mein Freund, bleibst bei mir.
    Schmerz bäumt mich auf, und Du,
    meine Freundin, lenkst mich ab.
Alpträume schütteln mich, und Du,
mein Freund, singst mir ein Wiegenlied.
    Fieber verbrennt mich, und Du,
    meine Freundin, kühlst meine Stirn.
Ich fühle mich nutzlos,
und Du, mein Gott, sagst:
    „Ich brauche dich!"
    Ich bin unendlich müde,
    und Du, mein Gott, sagst:
    „Fürchte dich nicht!"
Ich bin so schwach,
und Du, mein Gott, sagst:
„Ich bin bei dir alle Tage!"
    Ich verliere meine Zuversicht,
    und Du, mein Gott, sagst:
    „Nichts wird verloren sein!"
Ich glaube Dir!

Segensgebete

Kunterbunte Kinderschar sind wir.
Im unterschiedlichsten Alter,
mit verschiedenen Talenten,
neugierig und interessiert an Möglichkeiten
und Unmöglichkeiten.
Segne uns!
Kunterbunte Kinderschar sind wir.
Mit Ängsten und Eifersüchteleien,
mit kleinkarierten und großspurigen Spielregeln,
mit Freuden, Schmerzen und Nöten,
Segne uns!
Kunterbunte Kinderschar sind wir.
Wir kommen heim zu Dir,
wir sind Geschwister aus Dir,
wir holen uns Mut bei Dir.
Mut für erste Schritte im eigenen Gleichgewicht,
dann Mut für ein Streicheln jenseits von Rat-Schlägen,
darin Mut für Versöhnung und Vertöchterung
und Mut für ein Zusammenkommen nach all dem
Auseinandersetzen.
Deine kunterbunte Kinderschar sind wir.
Mit dem einen Familiennamen: *Christ!*
Laß uns ein Licht aufgehen, Gott,
damit wir hoffentlich leuchten:
wegweisend und nicht abweisend,
anwesend und nicht abwesend …
Segne uns, Du Gott,
Vater und Mutter,
Bruder und Freund,
Lebenskraft und gute Geistin.
Heilig, heilsam und heilend bist Du.
Du segnest uns alle!
Amen.

Der Herr schaue auf uns,
Er begleite uns auf unserem Weg
zu Menschen, die Hilfe brauchen.
Er gebe uns die Kraft, den Mut
und die Zeit zum Helfen.
Er gebe uns die Weisheit,
unsere Grenzen zu erkennen.
Er sei unsere Stärke und Ruhe,
Trost und Halt in unserem Tun.
So segne uns der liebende Gott,
der Vater,
der Sohn
und der Heilige Geist.

Gott, segne mich,
denn Du kennst mich.
Mit all meinen Grenzen, Fehlern, Talenten,
Möglichkeiten und Unmöglichkeiten –
Du kennst mich
und weißt:
Ich brauche Deinen Segen!
Deinen Segen, liebender Gott,
guter Bruder und
kraftvolle Lebendigkeit.
Gott, segne mich!

Es ist nicht leicht, das „Du mußt“ abzulegen.
Es ist nicht leicht, Erwartungshaltungen
anderer nicht zu erfüllen,
eigene Erwartungen nicht mehr zu erwarten.
Unser guter Gott segne dich.
Er gebe dir Mut für unerwartete Wege.
Christus bleibe bei dir,
damit du dich nicht verlassen fühlst,
nicht ausgeliefert und hilflos.
Das Angesicht Gottes leuchte über dir
in den dunklen Stunden,
damit du auch jetzt das Wunder
eines einzigen Tages erkennen kannst,
damit das Unscheinbare im rechten Licht
für dich sichtbar wird.
Frieden gebe Er dir,
Zufriedenheit deiner Seele
und kraftspendende Ruhe
deinem kranken Körper.
Ein Lächeln für jeden Tag
und ein helles Lachen,
wenn du dich selbst zu ernst nimmst.
Einen Stern schenke Er dir für dunkle Stunden.
Eine lebendige Kerzenflamme als
Zeichen Seiner Nähe.
Gute Ideen und ein Trotzdem
in allem Ja-aber,
herausfordernde Überraschungen
und ausreichend Ruhe schenke Er dir.
Der Segen unseres mütterlichen Vaters
bleibe bei dir durch Christus, unseren Bruder,
und stärke dich
durch die Kraft des Heiligen Geistes.

Ich wünsche dir
warme Socken in stürmisch-kalter Zeit,
eine kühle Brise in Fieberhitze,
ein Durchatmen, wenn die Brust eng ist,
einen gleichmäßigen Herzschlag,
ein saugfähiges Taschentuch.

Ich wünsche dir
eine Schulter zum Anlehnen,
eine Hand zum Anhalten,
einen Menschen, der mit dir weint
und mit dir lacht.
Füße, die durchstehen können,
einen vollen Krug frischen Wassers.

Ich wünsche dir
eine schöne Geschichte gegen die Angst,
ein gutes Wort zur rechten Zeit,
eine Oase für deine Seele,
einen unerschütterlichen Glauben.

Gott, der Mütterliche und Liebende,
segne dich.
Der Vater, der Sohn und die Heilige Geistin.

Gott der Liebe,
bleibe bei uns,
wenn wir unsere Gesundheit verlieren,
wenn wir unseren Mut entmutigen,
wenn wir unsere Last nicht mehr ertragen,
wenn wir unser Morgen verängstigen,
wenn wir unser Leben nicht erleben,
wenn wir unsere Liebe im Kummer verkümmern.
Bleibe bei uns, denn Du bist unsere Sehnsucht.
Bleibe bei uns, denn ohne Dich ist Verzweiflung!
Segne und bewahre uns, Du, Gott,
der Vater,
der Sohn
und die Heilige Geistin.

Gott,
Du bist die Spur, der wir folgen,
Du bist die Rückendeckung, die wir brauchen,
Du bist der Boden, der uns trägt,
Du bist die Luft, die uns atmen läßt,
Du bist der Rastplatz, der uns zur Ruhe bringt.

Gott,
Du in uns, verbinde Geist, Seele und Körper,
damit Wunden heilen und wir heil werden
durch Deinen Segen,

Segen im Namen des Vaters,
des Sohnes
und des Heiligen Geistes.

Du hast deinen Schrei hinuntergeschluckt,
und der Schmerz hat dich aufgebäumt.

Du hast deinen Schrei hinausgebrüllt,
und das Meer hat ihn dir zurückgeworfen.

Du hast deinen Schrei heiser gejammert,
und der Wüstensturm hat ihn dir zurückgeheult.

Du hast deinen Schrei an die Felsen geworfen,
und das Echo hat ihn dir zurückgeschrien.

Komm, schreien wir gemeinsam in die Himmel!
Dort fängt er sich in Gottes Hand.

Zurück kommt zärtliches Trösten
und Segen voll Kraft.
Unser Schrei ist gehört:
Es segnet dich
der heilsame, heilende und heilige Gott,

der mütterliche Vater,
der brüderliche Sohn
und die lebendige Geistin.

Der Segen Gottes
fließe durch unsere Hände und Füße.

Begreifen wollen wir das Unbegreifliche.
Durchstehen das Bodenlose.
Aushalten das Haltlose.
Unser Verstand
sucht nach einem Begriff.

Der Segen Gottes
fließe durch unsere Hände und Füße.
In Seinen Spuren
der Zärtlichkeit
liegt aller Segen
des Vaters,
des Sohnes
und der Heiligen Geistin.

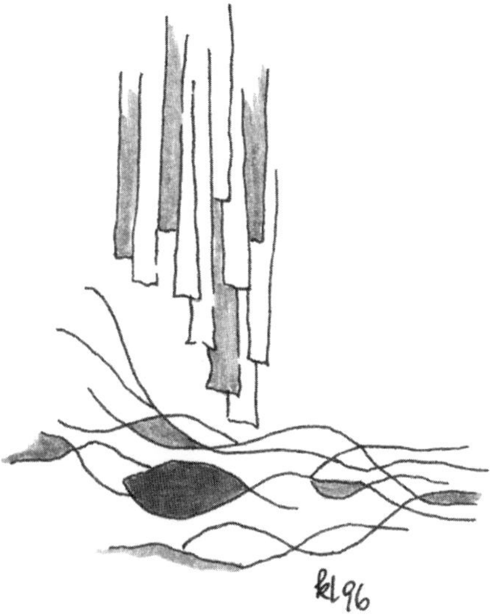

Ich segne Euch alle, die Ihr mich verlassen habt,
weil ich Euch zu große Last war.
Verzeihen wir einander. Friede euch allen!
Ich segne Euch alle, die ihr langsam geht,
weil meine Beine nicht mehr schneller können.
Ich segne Euch alle, die Ihr meine Taschen nehmt,
weil ich sie nicht mehr tragen kann.
Ich segne Euch alle,
die Ihr meine zittrigen Hände haltet,
weil sie so wieder zur Ruhe kommen.
Ich segne Euch alle, die Ihr mit mir am Tisch sitzt,
weil so das Essen einfach besser schmeckt.
Ich segne Euch alle, die Ihr mit mir weint,
weil wir dann auch miteinander lachen können.
Ich segne Euch alle,
die Ihr zu mir kommt am Telefon,
weil damit Entfernungen keine Rolle mehr spielen.
Ich segne Euch alle, die Ihr zuhört und erzählt,
weil ich so ganz in der Welt bin.
Ich segne Euch alle,
die Ihr mit mir betet und schweigt,
weil ich so ganz bei Gott bin.
Ich segne Euch alle, die Ihr mir Freunde seid,
weil so mein Sterben voller Leben ist.
Ich segne Euch alle,
im Namen unseres liebenden, mütterlichen Vaters,
im Namen unseres Bruders Jesus Christus
und im Namen der heiligen Ruach,
der Lebenskraft Gottes!

Vermächtnis

Warum weinst du an meinem Grab?
Ich bin doch nicht dort!
Ich ruhe nicht in Frieden,
ich schlafe nicht im Tod.
Weine nicht an meinem Grab.
Dort bin ich nicht!
Ich lebe in Freude,
bin aufgewacht zum Fest des Lebens.
Weine nicht an meinem Grab.
Spürst du es denn nicht?
Ich bin im leisen Wind,
der in deinem Haar spielt.
Ich bin im Schnee,
der Spuren deiner Füße zeichnet.
Ich bin im Zwitschern der Vögel,
das dich weckt.
Ich bin im Tautropfen,
der dir entgegenglitzert.
Ich bin im Morgenlicht,
das dich streichelt.
Ich bin im warmen Herbstregen,
der ans Fenster klopft.
Ich bin der Stern,
der über dir leuchtet in der Nacht.
Weine nicht an meinem Grab.
Ich bin gestorben.
Aber ich bin *nicht* tot!

Nocturnes

Mondpflastersteine.
Enge Gassen,
steil und sackig.
Auswege,
Umwege,
Irrwege.
Und dann
am Nachhause-Weg:
ein zerknittert
weggeworfenes Wort.
Kaum noch
verständlich,
regennaß, sonnengebleicht
in den Schatten
des Rinnsteins geworfen.
Ich hebe es auf,
entfalte behutsam
sein Gesicht,
glätte seine Töne
und verstehe endlich:
Gottvertrauen!
Ich nehme den
Findling mit
und gehe meinen Weg …

Weitere Bücher von Karin E. Leiter im Tyrolia-Verlag

Der Trotzdem-Baum
Wurzeln am Felsen Gottes.
4. Auflage. 104 Seiten mit 3 Illustrationen der Autorin, Broschur

Tanzendes Kreuz
Mein Weg über Golgotha.
3. Auflage. 112 Seiten mit 15 Farb- und 20 Schwarzweiß-Illustrationen der Autorin, Broschur

Die Bibel atmet
Eine Lebensnot-wendige Begegnung.
4. Auflage. 128 Seiten, Broschur

Schlag-Worte
Gedankensprünge im Schrifts-Teller.
2. Auflage. 136 Seiten mit 6 Illustrationen der Autorin, Broschur

Nichts-Nutz
Stein-reiches Bibel-Leben.
2. Auflage. 144 Seiten mit 9 Illustrationen der Autorin, Broschur

Die Lachfalten Gottes
Fröhliches Christsein.
2. Auflage. 104 Seiten mit 16 Farbbildern der Autorin, gebunden

Deine Liebe schmeckt wie Erde
Die Gärten der Heiligen Schrift.
Bildmeditationsband. 80 Seiten mit 2 ein- und 17 doppelseitigen Farbbildern, gebunden

Lebensbegleitung bis zum Tod
Wir brauchen Hospize.
2. Auflage. 160 Seiten, Broschur

Ach wie gut, daß jemand weiß…
Trauerbegleitung mit Märchen
152 Seiten mit 12 Illustrationen der Autorin, Broschur